A ABORDAGEM GESTÁLTICA E TESTEMUNHA OCULAR DA TERAPIA

O GEN | Grupo Editorial Nacional – maior plataforma editorial brasileira no segmento científico, técnico e profissional – publica conteúdos nas áreas de ciências humanas, exatas, jurídicas, da saúde e sociais aplicadas, além de prover serviços direcionados à educação continuada e à preparação para concursos.

As editoras que integram o GEN, das mais respeitadas no mercado editorial, construíram catálogos inigualáveis, com obras decisivas para a formação acadêmica e o aperfeiçoamento de várias gerações de profissionais e estudantes, tendo se tornado sinônimo de qualidade e seriedade.

A missão do GEN e dos núcleos de conteúdo que o compõem é prover a melhor informação científica e distribuí-la de maneira flexível e conveniente, a preços justos, gerando benefícios e servindo a autores, docentes, livreiros, funcionários, colaboradores e acionistas.

Nosso comportamento ético incondicional e nossa responsabilidade social e ambiental são reforçados pela natureza educacional de nossa atividade e dão sustentabilidade ao crescimento contínuo e à rentabilidade do grupo.

FRITZ PERLS

A ABORDAGEM GESTÁLTICA E TESTEMUNHA OCULAR DA TERAPIA

Segunda edição

Tradução de
José Sans

Revisão Técnica do
Professor Jorge Alberto Costa e Silva
*Professor Titular de Psiquiatria
da Faculdade de Ciências Médicas da UERJ*

■ O autor deste livro e a editora empenharam seus melhores esforços para assegurar que as informações e os procedimentos apresentados no texto estejam em acordo com os padrões aceitos à época da publicação. Entretanto, tendo em conta a evolução das ciências, as atualizações legislativas, as mudanças regulamentares governamentais e o constante fluxo de novas informações sobre os temas que constam do livro, recomendamos enfaticamente que os leitores consultem sempre outras fontes fidedignas, de modo a se certificarem de que as informações contidas no texto estão corretas e de que não houve alterações nas recomendações ou na legislação regulamentadora.

■ O autor e a editora se empenharam para citar adequadamente e dar o devido crédito a todos os detentores de direitos autorais de qualquer material utilizado neste livro, dispondo-se a possíveis acertos posteriores caso, inadvertida e involuntariamente, a identificação de algum deles tenha sido omitida.

■ **Atendimento ao cliente: (11) 5080-0751 | faleconosco@grupogen.com.br**

■ *The Gestalt Approach & Eye Witness to Therapy*
Traduzido da primeira edição, publicada em 1973 por
Science and Behavior Books, de Palo Alto, Califórnia.
Estados Unidos da América
Copyright © 1973 by Science and Behavior Books, Inc.

■ Direitos exclusivos para a língua portuguesa
Copyright © 1988, 2023 (16ª impressão) by
LTC | Livros Técnicos e Científicos Editora Ltda.
Uma editora integrante do GEN | Grupo Editorial Nacional

■ Travessa do Ouvidor, 11
Rio de Janeiro – RJ – 20040-040
www.grupogen.com.br

Reservados todos os direitos. É proibida a duplicação ou reprodução deste volume, no todo ou em parte, em quaisquer formas ou por quaisquer meios (eletrônico, mecânico, gravação, fotocópia, distribuição pela Internet ou outros), sem permissão, por escrito, da LTC | Livros Técnicos e Científicos Editora Ltda.

**CIP-BRASIL. CATALOGAÇÃO-NA-FONTE
SINDICATO NACIONAL DOS EDITORES DE LIVROS, RJ.**

P529a
2.ed.

Perls, Frederick S., 1893-1970
A abordagem gestáltica e testemunha ocular da terapia / Fritz Perls; [tradução de José Sans; revisão técnica do Prof. Jorge Alberto Costa e Silva]. - 2.ed. - [Reimpr.]. - Rio de Janeiro: LTC, 2023.
212p.; 21cm

Tradução de: The gestalt approach & eye witness to therapy
Inclui bibliografia e índice
ISBN 978-85-216-1085-4

1. Gestaltterapia. I. Título.

11-2024.   CDD: 616.89143
            CDU: 159.964.32

SUMÁRIO

Prefácio	7
Introdução	11

PARTE I ABORDAGEM GESTÁLTICA

1.	Fundamentos	17
	A psicologia da Gestalt	17
	Homeostase	20
	A doutrina holística	24
	Limite de contato	31
2.	Mecanismos Neuróticos	39
	O nascimento da neurose	39
	Introjeção	46
	Projeção	49
	Confluência	51
	Retroflexão	53
3.	E Aqui Temos o Neurótico	57
4.	Terapia Aqui e Agora	75
5.	Descascando a Cebola	86
6.	Ir e Vir, Psicodrama e Confusão	98
7.	Quem Está Ouvindo?	114

PARTE II TESTEMUNHA OCULAR DA TERAPIA

	Nota do Editor	129
8.	A Gestalt em Ação	131
	O que é Gestalt	131
	Conscientizar-se	137
	Casamento	144
	Prece gestáltica	150
	Casais nº 1	159
	Casais nº 2	165
	Memória e orgulho	177

6 SUMÁRIO

Filosofia do óbvio	183
O sonho de Madeline	192
Tudo é processo de conscientização	197
Fritz, amigo e Freud	203

PREFÁCIO

A Abordagem Gestáltica e *Testemunha Ocular da Terapia* podem ser lidas juntas, como uma única entidade, e também como dois trabalhos separados. Fritz Perls estava trabalhando nos dois livros na época de sua morte e tinha ambos os conceitos em mente. Acho que ele teria gostado da organização desta apresentação. *A Abordagem Gestáltica* se tornará, sem dúvida, um trabalho básico na literatura da Gestalt. Creio que Fritz saiu-se extraordinariamente bem na tarefa que se propôs. "Qualquer abordagem razoável à psicologia, que não se esconda atrás de um jargão profissional, deve ser compreensível ao leigo inteligente e deve ser fundamentada em fatos do comportamento humano." Fritz escreveu *A Abordagem Gestáltica* porque não estava mais satisfeito com seus dois trabalhos anteriores. Ambos – *Ego, Hunger and Agression* (1947) e *Gestalt Therapy* (1952) – são de difícil leitura, além de ultrapassados. Nestes vinte anos, Fritz integrou diversas contribuições ao seu trabalho, particularmente de religiões orientais, meditação, psicodelismo e trabalhos corporais. E o mais importante: viveu, amou, lutou e exercitou-se por mais de duas décadas. Fritz era único. Não era limitado pelo papel de clínico, inimigo, carismático irritante, amante, velho obsceno, artista ou escritor. Não envelheceu como nós estamos habituados a pensar no Ocidente. Em vez disso, a idade desenvolveu a crescente habilidade de viver no presente e o virtuosismo nas artes que praticou.

Fritz escreveu a maior parte de *A Abordagem Gestáltica* enquanto morava em Esalen. Continuou esse trabalho quando se mudou para Cowichan, em maio de 1969. Cowichan é uma velha cidadezinha, num lago do interior,

8   PREFÁCIO

oitenta quilômetros ao norte da ilha de Victoria, em Vancouver, na Colúmbia Britânica. Fritz queria desenvolver lá uma comunidade gestáltica. Acho que não tinha uma ideia muito precisa da forma exata que ela tomaria. Esperava que emergisse um estilo de vida que pudesse encorajar o aumento da consciência, com cada pessoa integrando partes repudiadas de sua personalidade e se responsabilizando por seus próprios sentimentos. Queria um centro onde os terapeutas pudessem viver e estudar por vários meses. Eu estava em Cowichan nos últimos dois meses que Fritz passou lá. Ele dizia que nunca havia sido tão feliz. Expandia uma paz firme e suave, combinando ensino, terapia, divertimento, amor e escritos, à medida que a necessidade surgia. Fritz tornou-se cada vez mais preocupado, porque muitos terapeutas estavam copiando suas técnicas, com uma compreensão muito limitada da sua teoria global. Queria desenvolver o ensino de matérias que pudessem reunir sua filosofia pessoal e sua teoria e práticas psicoterápicas, de forma concisa e estimulante. Pediu-me para publicar *Testemunha Ocular da Terapia*. Utilizaria a teoria de *A Abordagem Gestáltica,* transcrições de seus filmes e de suas conferências em Cowichan.

Fritz confiou-me esse material antes de deixar Cowichan, no início de dezembro de 1969. Retomaria na primavera, para completar o trabalho. Morreu naquele inverno. Pedi a Richard Bandler para se encarregar da edição deste material.

A Abordagem Gestáltica pode ser lida independentemente. Também serve de introdução à *Testemunha Ocular da Terapia*. Richard Bandler escolheu filmes que são essencialmente autoexplicativos e introdutórios ao trabalho gestáltico. Estão incluídas gravações que contêm um trabalho gestáltico mais avançado e são representativas de transcrições que aparecerão em volumes posteriores.

Estamos planejando mais dois volumes, que seguirão a organização geral deste livro. Cada novo livro começará com material didático novo, tirado especialmente das conferências de Fritz em Cowichan. Estas são informais, algumas vezes muito fluidas, e mostram influência da filosofia oriental. São seguidas de transcrições de fitas e filmes de trabalho gestáltico adiantado. Fritz gostava desses

PREFÁCIO

filmes e recomendava o estudo intensivo do filme junto com a transcrição. As transcrições mais avançadas serão acompanhadas de comentários de terapeutas gestálticos experientes, que conheceram bem Fritz.

DR. ROBERT S. SPITZER
Editor-Chefe.
Science and Behavior Books

INTRODUÇÃO

O homem moderno vive num estado de baixo grau de vitalidade. Embora, em geral, não sofra profundamente, pouco sabe, no entanto, da verdadeira vida criativa. Ao contrário, sua vida tornou-se a de um autômato ansioso. Seu mundo lhe oferece amplas oportunidades de enriquecimento e diversão e ele ainda vagueia sem objetivo, não sabendo o que quer e, por isso, completamente incapacitado de imaginar como alcançá-lo. Sequer aborda a aventura de viver com excitação ou interesse. Parece sentir que o tempo para diversão, prazer, crescimento e aprendizagem é a infância e a juventude, e abdica da vida em si, quando atinge a "maturidade". Passa por muitos movimentos, mas a expressão de seu rosto indica a falta de interesse real no que está fazendo. Está, em geral, impassível, entediado, indiferente ou irritado. Parece haver perdido toda espontaneidade, toda capacidade de sentir e se expressar direta e criativamente. É muito bom falando em problemas e muito ruim lidando com eles. Reduziu a vida a uma série de exercícios verbais e intelectuais; está afogado num mar de palavras. Substituiu o processo de viver pelas explicações psiquiátricas e pseudopsiquiátricas da vida. Passa um tempo infinito tentando recapturar o passado ou moldar o futuro. Suas atividades no presente são meramente tarefas aborrecidas que deve tirar do caminho. Às vezes, nem se dá conta de suas ações no momento.

Tudo isso pode parecer uma afirmação radical, mas o tempo tornou necessária tal afirmação. Os últimos cinquenta anos presenciaram um enorme crescimento na compreensão que o homem tem de si próprio. Testemunharam um considerável aumento em nossa compreen-

12   A Abordagem Gestáltica e Testemunha da Terapia

são de ambos os mecanismos — fisiológico e psicológico — pelos quais nos mantemos sob pressões e condições de vida constantemente mutáveis. Mas não assistiram a um progresso correspondente em nossa capacidade de nos divertirmos; de usarmos nosso conhecimento em interesse próprio; de expandirmos e ampliarmos nosso sentido de vivacidade e crescimento. Compreender o comportamento humano apenas por compreender é um agradável jogo intelectual, um caminho divertido ou torturante para desperdiçar o tempo, mas não tem relação ou utilidade necessária para a vida cotidiana. De fato, muito da nossa insatisfação neurótica com nós mesmos e com nosso mundo origina-se em que, enquanto engolimos muitos dos termos e conceitos da psiquiatria e da psicologia modernas, não os digerimos ou testamos, e nem usamos nosso conhecimento verbal e intelectual como o instrumento de poder que provavelmente é. Ao contrário, muitos de nós usam conceitos psiquiátricos como racionalizações, como modos de perpetuar um comportamento atual insatisfatório. Justificamos nossa recente infelicidade com experiências passadas e chafurdamos em nossa miséria. Usamos nosso conhecimento do homem como desculpa para comportamentos socialmente destrutivos e autodestrutivos. Mudamos do infantil "Não posso me ajudar... " para o adulto "Não posso me ajudar porque... minha mãe me rejeitou quando eu era criança; porque nunca aprendi a perceber meu complexo de Édipo; porque sou muito introvertido". Mas a psiquiatria e a psicologia nunca tencionaram ser justificações após o fato, para manutenção do comportamento neurótico, comportamento que não permite ao indivíduo gozar ao máximo suas capacidades. A meta dessas ciências não é apenas oferecer explicações do comportamento, mas ajudar-nos a atingir o *autoconhecimento,* a *satisfação* e a *autossustentação.*

Talvez uma das razões pelas quais o psiquiatra, em particular, se tenha inclinado a essa perversão seja porque muitas das teorias clássicas de psiquiatria foram cristalizadas pelos seus proponentes como dogmas. No esforço de firmar todos os diferentes modelos e dimensões do comportamento humano na cama de Procusto da teoria, muitas escolas de psiquiatria ignoram ou condenam aqueles aspectos dos modos de viver que, obstinadamente, resistem a explicações nos termos de seus próprios argumentos

INTRODUÇÃO   13

favoritos. Em vez de abandonar uma teoria quando esta
não mais se conforma adequadamente aos fatos, e quando
não serve mais para resolver adequadamente as dificuldades, eles alteram os fatos do comportamento para seguir a
teoria. Isso não serve para aumentar a compreensão, nem
para ajudar os homens a resolverem seus problemas.

Este livro constitui a exploração de um enfoque relativamente novo à totalidade do tema do comportamento
humano — tanto em sua realidade quanto em sua potencialidade. Foi escrito a partir da crença de que o homem
pode viver uma vida mais plena e rica do que a maioria
vive agora. Foi escrito a partir da convicção de que o homem não começou ainda a descobrir o potencial de vida e
energia que nele repousa. O livro tenta juntar uma teoria
e a aplicação prática dessa teoria aos problemas do cotidiano e às técnicas psicoterápicas. A teoria em si é baseada na experiência e na observação; cresceu e mudou com
anos de prática e aplicação, e *ainda está crescendo*.

PARTE I

A ABORDAGEM GESTÁLTICA

1 FUNDAMENTOS

A Psicologia da Gestalt

Qualquer abordagem racional da psicologia que não se esconda por detrás de um jargão profissional deve ser compreensível para o leigo inteligente e deve ser fundamentada em fatos do comportamento humano. Caso contrário, há algo basicamente errado com ela. A psicologia lida, afinal de contas, com um objeto do maior interesse para os seres humanos: nós próprios e os outros. A compreensão da psicologia e de nós mesmos deve ser consistente. Se não nos podemos compreender nem entender o que fazemos, não podemos pretender resolver nossos problemas nem esperar viver vidas gratificantes. Porém tal compreensão do *self* envolve mais que o entendimento intelectual habitual. Requer sentimento e também sensibilidade.

A abordagem aqui exposta repousa num conjunto de premissas que não são obscuras nem irracionais. Ao contrário, são de um modo geral hipóteses de senso comum, que podem ser facilmente verificáveis pela experiência. De fato, embora sejam frequentemente expressas numa terminologia complicada, que serve à tríplice função de confundir o leitor, aumentar a autoconsideração do escritor e obscurecer pontos que supostamente deveriam ser esclarecidos, essas afirmações são a base de grande parte da psicologia contemporânea. Infelizmente, um número demasiado grande de psicólogos as aceitam como verdadeiras e as desenvolvem na prática, enquanto sua teoria foge rapidamente da realidade e do observável. Mas, se expusermos essas premissas de modo simples, aberto, seremos capazes

18 A ABORDAGEM GESTÁLTICA

de utilizá-las continuamente, como uma medida de comparação da confiança e utilidade de nossos conceitos, e nos poderemos dedicar à pesquisa com prazer e rendimento. Introduzamos a primeira premissa com um exemplo. Dissemos antes que a abordagem esboçada neste livro é nova em muitos aspectos. Isso não significa que este enfoque não tenha relação com qualquer outra teoria do comportamento humano ou com qualquer outra aplicação da teoria do comportamento humano aos problemas do cotidiano e da prática psicoterapêutica. Isso não significa que este enfoque seja composto exclusivamente de princípios novos e revolucionários. A maior parte de seus fundamentos pode ser encontrada em muitas outras abordagens do assunto. O que é novo aqui não são necessariamente as partes e fragmentos que vão constituir a teoria, *mas o modo pelo qual são usadas e organizadas é que dá a esta abordagem sua singularidade e seu apelo à nossa atenção.* A primeira premissa básica deste livro está implícita nesta última frase. A premissa é que é a organização de fatos, percepções, comportamentos ou fenômenos, e não os aspectos individuais de que são compostos, que os define e lhes dá um significado específico e particular.

Originalmente este conceito foi desenvolvido por um grupo de psicólogos alemães, que trabalhavam no campo da percepção, e que mostraram que o homem não percebe as coisas isoladas e sem relação, mas as organiza no processo perceptivo como um todo significativo. Um homem entrando num recinto cheio de gente, por exemplo, não percebe apenas gotas de cor e movimento, rostos e corpos. Percebe o local como uma unidade, na qual um elemento, selecionado entre os muitos presentes, sobressai, enquanto os outros ficam em segundo plano. A escolha de qual elemento se distinguirá é o resultado de muitos fatores, e todos eles podem, juntos, ser englobados no termo *interesse*. Enquanto há interesse a cena total parecerá organizada de modo significativo. Apenas quando há completa falta de interesse, a percepção é atomizada e o lugar é visto como uma confusão de objetos sem relação entre si.

Vejamos como este princípio opera numa situação simples. Suponhamos que o recinto seja uma sala de estar, por ocasião de um coquetel. A maior parte dos convidados já está presente; os retardatários estão chegando aos

Fundamentos   19

poucos. Entra um recém-chegado. É um alcoólatra crônico
e quer desesperadamente um drinque. Para ele, os outros
convidados, as cadeiras e sofás, os quadros nas paredes,
tudo será de pouca importância e ficará em segundo plano. Irá direto ao bar; de todos os objetos da sala este será
o primeiro plano para ele. Agora entra outro convidado.
É uma pintora e a anfitriã acaba de adquirir um de seus
quadros. Sua primeira preocupação é descobrir como e
onde está pendurado o quadro. Ela selecionará a pintura
entre todos os objetos do lugar. Como o alcoólatra, estará completamente desinteressada das pessoas e rumará
para seu trabalho como um pombo-correio. Ou tomemos
o caso de um rapaz que veio à festa para se encontrar com
a atual namorada. Ele vai esquadrinhar a multidão, procurará entre os rostos dos convidados até que a encontre.
Ela será o primeiro plano, todo o resto o fundo. Para um
convidado perambulador, que esvoaça de grupo em grupo, de conversa em conversa, do bar ao sofá, da anfitriã à
caixa de cigarros, a sala parecerá diferente diversas vezes. Enquanto está falando com um grupo, aquele grupo
e aquela conversa serão primeiro plano. Quando, no final
de sua prosa ele se cansa e decide sentar-se, o lugar vago
no sofá será o primeiro plano. À medida que seus interesses variam, muda sua percepção da sala, das pessoas
e objetos nela, e até a percepção de si próprio. Primeiro e
segundo planos são intercambiáveis e não permanecem
estáticos, como, por exemplo, para o jovem enamorado,
cujo interesse é fixo e invariável. Agora vem nosso último convidado. Este, como muitos de nós em coquetéis, em
primeiro lugar não queria vir, e não tem interesse real em
tudo aquilo. Para ele toda a cena permanecerá desorgani-
zada e sem sentido, a menos e até que ocorra algo que o
faça fixar seu interesse e atenção.
    A escola de psicologia que desenvolveu estas obser-
vações é chamada Escola Gestáltica. Gestalt é uma palavra alemã para a qual não há tradução equivalente em
outra língua. Uma Gestalt é uma forma, uma configuração,
o modo particular de organização das partes individuais
que entram em sua composição. A premissa básica da psicologia da Gestalt é que a natureza humana é organizada
em partes ou todos, que é vivenciada pelo indivíduo nestes termos, e que só pode ser entendida como uma função
das partes ou todos dos quais é feita.

20   A Abordagem Gestáltica

Homeostase

Nossa premissa seguinte é que todos os comportamentos são governados pelo processo que os cientistas
chamam de homeostase e que os leigos chamam de adap-
tação. O processo homeostático é aquele pelo qual o organismo mantém seu equilíbrio e, consequentemente, sua
saúde sob condições diversas. A homeostase é, portanto,
o processo através do qual o organismo satisfaz suas necessidades. Uma vez que suas necessidades são muitas e
cada necessidade perturba o equilíbrio, o processo homeostático perdura o tempo todo. Toda vida é caracterizada
pelo jogo contínuo de estabilidade e desequilíbrio no organismo. Quando o processo homeostático falha em alguma escala, quando o organismo se mantém num estado de
desequilíbrio por muito tempo e é incapaz de satisfazer
suas necessidades, está doente. Quando falha o processo
homeostático o organismo morre.

Uns poucos exemplos singelos esclarecerão isso. O
corpo humano só funciona eficientemente quando o nível de açúcar no sangue é mantido dentro de certos limites. Se a taxa de açúcar do sangue cai abaixo destes
limites, as glândulas suprarrenais secretam adrenalina;
a adrenalina faz o fígado transformar suas reservas de
glicogênio em açúcar; este açúcar passa para o sangue e
aumenta sua taxa de açúcar. Tudo isto ocorre numa base
puramente fisiológica; o organismo não se dá conta do
que está acontecendo. Mas uma queda no nível de açúcar
do sangue ainda tem outro efeito. É acompanhada pela
sensação de fome, e o organismo satisfaz seu desprazer
e desequilíbrio comendo. A comida é digerida, sendo que
uma certa quantidade se transforma em açúcar, e o açúcar é restituído ao sangue. Assim, no caso de comer o processo homeostático demanda um estado de consciência e
alguma ação deliberada por parte do organismo.

Quando o açúcar no sangue aumenta excessivamente, o
pâncreas secreta mais insulina e isto leva o fígado a remover açúcar do sangue. Os rins também ajudam a remover
este excesso; o açúcar é excretado pela urina. Estes processos, como os primeiros descritos, são puramente fisiológicos. Mas a taxa de açúcar do sangue pode ser baixada deliberadamente, como resultado de um ato de conscientização.
O termo médico para a falha crônica de homeostase, que

FUNDAMENTOS   21

resulta num constante excesso de açúcar no sangue, é dia-
betes. O sistema do diabético aparentemente não pode se
autocontrolar. No entanto, o paciente pode suprir um controle pela adição artificial de insulina, através de injeções.
Isto reduz a taxa de açúcar do sangue ao nível exato.
Tomemos outro exemplo. Para o organismo gozar de
boa saúde, o volume de água do sangue também tem que
ser mantido num certo nível. Quando cai abaixo do nível,
a transpiração, a salivação e a excreção da urina são todas
diminuídas, e os tecidos do organismo passam parte de sua
água para a corrente sanguínea. Assim, o corpo zela para
que ela conserve água durante um período de emergência.
Este é o lado fisiológico do processo. Porém, quando a taxa
de água do sangue cai demasiadamente, o indivíduo sente
sede. Faz, então, o que pode para manter o equilíbrio necessário. Toma um gole d'água. Quando a taxa de água do
sangue é excessiva, todas estas atividades são invertidas,
assim como o são no caso do açúcar sanguíneo. Poderíamos
dizer isto de modo ainda mais simples. O termo fisiológico
usado para perda de água no sangue é desidratação; qui-
micamente pode ser expresso como a perda de certo número de unidade de H_2O; sensorialmente é sentido como
sede, com seus sintomas de secura na boca e cansaço; e
psicologicamente é sentido como o desejo de beber.
    Desta forma, poderíamos chamar o processo homeos-
tático de processo de *autorregulação,* o processo pelo qual
o organismo interage com seu meio. Embora os exemplos
que citei aqui envolvam atividades complexas por parte
do organismo, ambos lidam com as funções mais simples
e elementares, todas operando a serviço da sobrevivência
do indivíduo e, através dele, da espécie. A necessidade de
manter o nível de açúcar e água no sangue dentro de certos limites é básica para toda a vida animal. Mas há outras
necessidades, não tão proximamente ligadas às questões
de vida e morte, nas quais o processo de homeostase também funciona. O ser humano pode ver melhor com dois
olhos do que com um; mas se um olho é destruído a vítima
é capaz de continuar a viver. Não é mais um organismo de
dois olhos. Trata-se de um organismo com um só olho e
logo aprende a funcionar eficientemente nesta situação, a
estimar quais são suas novas necessidades e achar meios
adaptáveis de satisfazê-las.

22 A Abordagem Gestáltica

O organismo tem tanta necessidade psicológica como fisiológica de *contato*; ela é sentida cada vez que o equilíbrio psicológico é perturbado, assim como as necessidades fisiológicas são sentidas sempre que o equilíbrio fisiológico é alterado. Estas necessidades psicológicas são agrupadas no que poderíamos chamar de correlato psicológico do processo homeostático. No entanto, quero tornar bem claro que este processo psíquico não pode ser divorciado do fisiológico; que cada um contém elementos do outro. As necessidades que são, primariamente, de natureza psicológica e os mecanismos homeostáticos ou adaptáveis pelos quais são reunidas constituem parte do tema que a psicologia estuda.

Os seres humanos têm milhares de tais necessidades no nível puramente fisiológico. E, de acordo com os níveis sociais, há outros milhares de necessidades. Quanto mais intensamente as sentimos como essenciais para o prosseguimento da vida, mais de perto nos identificamos com elas e mais intensamente dirigimos nossas atividades para satisfazê-las.

Aqui também os conceitos estáticos das psicologias mais antigas dificultaram a compreensão. Observando certos impulsos comuns a todos os seres vivos, os teóricos postularam os "instintos" como as forças condutoras da vida e descreveram a neurose como resultado da repressão daqueles instintos. A lista de instintos de McDougall incluía quatorze. Freud considerou que os dois básicos e mais importantes são Eros (sexo ou vida) e Tanatos (morte). Mas se pudéssemos classificar todas as perturbações do equilíbrio orgânico encontraríamos milhares de instintos, que se diferenciariam entre si em intensidade.

Há ainda outro ponto fraco nesta teoria. Podemos concordar, penso eu, que a necessidade de sobreviver age como força propulsora em todos os seres vivos e que todos mostram, sempre, duas tendências: sobreviver como indivíduos e espécie e crescer.

Estes são objetivos fixos. Mas os modos pelos quais se encontram variam de situação para situação, de espécie para espécie, de indivíduo para indivíduo. Se a sobrevivência de uma nação for ameaçada pela guerra, seus cidadãos recorrerão às armas. Se a sobrevivência de um indivíduo for ameaçada porque seu nível de açúcar do sangue está muito baixo, ele procurará comida. A sobre-

FUNDAMENTOS 23

vivência de Sherazade foi ameaçada pelo Sultão, e para fazer frente à ameaça ela lhe contou estórias durante mil e uma noites. Poderíamos então dizer que ela tinha um instinto contador de estórias? Toda teoria dos instintos tende a confundir as necessidades com seus sintomas ou com os meios que usamos para adquiri-los. E desta confusão é que surgiu o conceito de repressão dos instintos.

Os instintos (se existem) não podem ser reprimidos. Estão fora do alcance da nossa capacidade de percepção e, portanto, fora do alcance de nossa ação deliberada. Não podemos reprimir a necessidade de sobrevivência, mas podemos impedir seus sintomas e sinais. Isto é feito pela interrupção do processo contínuo, quando deixamos de efetuar qualquer ação que seja apropriada.

Mas, o que acontece se várias necessidades (ou instintos, se preferirem) se originam simultaneamente? O organismo saudável parece operar através do que poderíamos chamar uma escala de valores. Desde que seja incapaz de fazer, adequadamente, mais de uma coisa de cada vez, se encarrega da necessidade de sobrevivência dominante, antes de cuidar de qualquer das outras; age, em primeiro lugar, de acordo com o princípio das coisas fundamentais. Uma vez, na África, observei um grupo de veados pastando perto de um bando de leões, que dormiam. Quando um dos leões acordou e começou a rugir de fome, os veados bateram em retirada rapidamente. Agora, tente, por um momento, se imaginar no lugar dos veados. Suponha que você esteja correndo para salvar sua vida. Logo estaria correndo sem ar, então teria que diminuir a marcha ou parar completamente até tomar um segundo alento. Neste ponto, arfante, teria surgido uma emergência maior — uma necessidade maior — do que correr, assim como correr havia, antes, se tornado uma necessidade maior que comer.

Formulando este princípio em termos da psicologia da Gestalt, podemos dizer que a necessidade dominante do organismo, em qualquer momento, se torna a figura de primeiro plano e as outras necessidades recuam, pelo menos temporariamente, para o segundo plano. O primeiro plano é aquela necessidade que exige mais agudamente ser satisfeita, quer seja, como em nosso exemplo, a necessidade de preservar a vida, ou seja relacionada a áreas fisiologicamente menos vitais: sejam fisiológicas ou psi-

24 A ABORDAGEM GESTÁLTICA

cológicas. Parece que uma das necessidades das mães é,
por exemplo, manter seus filhos felizes e satisfeitos; desconforto nas crianças produz desconforto nelas. A mãe de
um bebezinho pode ser capaz de dormir profundamente
com o barulho da passagem de caminhões ou mesmo de
colisões, com o estrépito ensurdecedor de trovões, mas
acordará no instante em que seu bebê — noutro quarto,
no fim de um longo corredor — apenas choramingue.
Para que o indivíduo satisfaça suas necessidades, feche a Gestalt, passe para outro assunto, deve ser capaz
de manipular a si próprio e ao seu meio, pois mesmo as
necessidades puramente fisiológicas só podem ser satisfeitas mediante a interação do organismo com o meio.

A Doutrina Holística

Um dos fatos mais notórios a respeito do homem é
que ele é um organismo unificado. E, todavia, este fato
é completamente ignorado pelas escolas tradicionais de
psiquiatria e psicoterapia que, não importa como descre-
vam seu enfoque, continuam a operar em termos da velha cisão corpo/mente. Desde o surgimento da medicina
psicossomática, a estreita relação entre atividade mental
e física se tornou cada vez mais flagrante. E não obstante
essa persistência do paralelismo psicofísico, este avan-
ço no conhecimento não progrediu tanto quanto deveria.
Continua preso aos conceitos de causalidade, tratando a
doença funcional como um distúrbio físico causado por
um fato psíquico.
Parece que o que aconteceu no desenvolvimento do
pensamento psicológico foi o seguinte: observamos que o
homem é capaz de funcionar em dois níveis qualitativa-
mente diferentes; o nível do pensar e o nível do agir. Ficamos chocados com a diferença entre ambos e pela aparente independência que um tem em relação ao outro. E
assim estabelecemos que são tipos diferentes de assunto.
Então somos compelidos a declarar de algum modo uma
entidade estrutural ainda não descoberta, a mente, descrita como a sede da atividade mental. Desde o desenvolvimento da psicologia profunda veio à tona a observação
de que o homem não é uma criatura puramente racional.
A mente, que antes era considerada exclusivamente como

FUNDAMENTOS 25

fonte da razão, agora se torna também a sede de um obscuro inconsciente e uma estrutura capaz de exercitar sua vontade não apenas sobre o corpo, mas sobre si mesma. Deste modo, pode reprimir pensamentos e recordações que ache desagradáveis. Pode mudar sintomas de uma área do corpo para outra. É o pequeno *deus ex-machina* que nos controla em todos os sentidos.

Uma vez que a análise quantitativa dos processos fisiológicos progrediu tão mais rapidamente que a análise quantitativa dos processos mentais, tendemos também a aceitar mais dados sobre o corpo que sobre a mente. Não discordamos dos fatos científicos sobre a fisiologia e a anatomia. Podemos descrever o coração, o fígado, os sistemas muscular e circulatório e sabemos como atuam. Reconhecemos que a habilidade de desempenhar certas atividades físicas e fisiológicas é construída no homem, e perdemos a capacidade de nos surpreender com nossa maravilhosa eficiência. Também sabemos bastante sobre o cérebro e seu modo de funcionar e estamos aprendendo mais todos os dias. Mas até que tenhamos ampliado mais este estudo, ainda teremos uma compreensão limitada de outra das capacidades internas básicas do homem: a habilidade de aprender e manipular símbolos e abstrações. Esta parece estar associada ao maior desenvolvimento e complexidade de seu cérebro. E é tão natural para o homem quanto sua habilidade para cerrar os punhos, andar ou ter relações sexuais.

Esta capacidade para usar símbolos mostra, através do que chamamos de atividade mental, se é dirigida para a produção de teorias científicas ou para a produção de uma afirmação banal sobre o tempo. Mesmo o que consideramos um baixo estado de atividade mental requer muita habilidade para lidar com símbolos e combinar abstrações. Comparativamente, mesmo o que consideramos um estado interior de atividade física — o sono por exemplo — requer um uso considerável de capacidades fisiológicas internas. Os músculos não permanecem tão ativos durante o sono como quando em estado de alerta, mas á inevitável que haja algum estado de atividade.

Dado, pois, que o ser humano tem uma habilidade interna para usar símbolos e abstrair (e mesmo os behavioristas mais ortodoxos têm que admitir isto; se a habilidade não existisse eles não poderiam manter uma discussão

26 A ABORDAGEM GESTÁLTICA

sobre sua existência), o que faz o ser humano quando a usa? Está, afirmo, agindo em imagem. Está fazendo simbolicamente o que poderia fazer fisicamente. Se ele pensa sobre uma teoria científica, poderia escrevê-la ou explicá-la verbalmente. Escrever e falar são ações físicas. Que ele possa inventar teorias científicas é realmente notável, porém não é mais notável que o fato de que possa escrever ou falar.

É claro que o pensamento não é a única atividade mental que nos ocupa. A mente também possui outras funções.

Há a função da atenção. Quando dizemos: "Coloquei minha mente trabalhando no problema", não queremos dizer que tiramos um corpo físico de dentro de nós e o conectamos com o problema. Queremos dizer: "Concentrei muito de minha atividade e de minhas percepções sensoriais nesse problema".

Também falamos da capacidade de conscientização que poderia ser descrita como gêmeo idêntico da atenção. Aquele é mais difuso que esta: implica uma percepção global da pessoa e mais relaxada que tensa.

E falamos de vontade. Aqui a área da atenção da consciência está fortemente restrita e a pessoa se fixa em iniciar e levar a cabo um certo número de atos dirigidos para fins específicos.

Em todas estas atividades mentais, a relação entre o que fazemos e pensamos é muito clara. Quando nos conscientizamos de algo, fixamos nossa atenção em algo, ou tentamos exercer nossa vontade sobre algo, há alguns sinais explícitos, pelos quais o espectador pode ver que estes processos estão em ação. O homem que está profundamente concentrado para entender o que o outro está dizendo deve estar provavelmente sentado, inclinado para a frente em sua cadeira; todo seu ser parece estar dirigido e orientado para aquilo que o interessa. O homem que desiste de pegar aquele quinto pedaço de doce, possivelmente fará um movimento na sua direção e parará a mão bruscamente, retirando-a antes que atinja o prato.

Mas voltemos à área do pensar. É nela que surge a maior parte da confusão. Entendemos que o pensar inclui um número de atividades — sonhar, imaginar, teorizar, antecipar — fazendo o uso máximo de nossa capacidade de manipular símbolos. Para abreviar, vamos chamar

FUNDAMENTOS 27

tudo isto de atividade de *fantasia*, em vez de pensamento. Tendemos a unir a noção de racional a pensar e irracional a sonhar e, todavia, as duas atividades são muito semelhantes. Entretanto, desejo esclarecer que o uso da palavra fantasia por mim não quer dizer que haja algo irreal, misterioso, estranho ou falso em tais atividades. A atividade fantástica, no sentido amplo em que uso o termo, é aquela em que o ser humano, através da adoção de símbolos, tende a reproduzir a realidade numa escala reduzida. Como atividade que envolve o uso de símbolos, deriva da realidade, uma vez que os próprios símbolos são, inicialmente, derivados da realidade. Os símbolos começam como rótulos para objetos e processos; proliferam e crescem como rótulos para rótulos e rótulos para rótulos de rótulos. Eles podem até não estar próximos na realidade, mas efetivamente começam.

A mesma coisa é verdadeira para a atividade fantástica, que é o uso interno da atividade de simbolização, Nela, a reprodução da realidade pode se distanciar muito de suas origens, da realidade com a qual era conectada originariamente. Mas é, de algum modo, sempre relacionada com a realidade, que tem uma existência significativa para a pessoa, em cuja realidade fantástica entra. Não vejo uma árvore real com o olho de minha mente, mas a correspondência entre a árvore real de meu jardim e minha árvore imaginária é suficiente para fazer possível que eu ligue uma à outra. Quando medito sobre um problema tentando determinar que rumo darei a uma atitude numa situação dada, é como se eu estivesse fazendo duas coisas extremamente reais. Em primeiro lugar, mantenho uma conversa sobre meu problema — na realidade eu poderia ter esta conversa com um amigo. Depois, reproduzo com o olhar de minha mente a situação que minha decisão precipitará em mim. Eu antecipo, em fantasia, o que acontecerá na realidade e, embora a correspondência entre minha antecipação imaginária e a situação real possa não ser absoluta, assim como a correspondência entre a palavra "árvore" e o objeto é só aproximada, é suficientemente forte para que eu baseie nela minhas ações.

Portanto, a atividade mental parece agir como um economizador de tempo, energia e trabalho para o indivíduo. A alavanca, por exemplo, trabalha segundo o princípio de uma pequena força aplicada num extremo do objeto, que

28 A ABORDAGEM GESTÁLTICA

produz uma força maior junto ao outro extremo. Se eu puser uma extremidade de uma alavanca sob uma pedra de 250 quilos e pressionar para baixo com força do outro lado da ferramenta, posso movimentar um objeto que de outro modo teria resistido a todas as minhas tentativas de mudar sua posição.

Quando fantasio ou dirijo minha atenção para um problema, uso uma pequena quantidade de energia disponível internamente, a fim de produzir um montante maior de energia corporal ou externa, distribuída de modo eficiente. Pensamos nos problemas, em imaginação, para sermos capazes de resolvê-los na realidade. Ao invés de simplesmente ir ao supermercado, sem ter qualquer ideia do que vai comprar, a dona de casa decide antes o que necessita e é, então, capaz de agir mais eficientemente quando chegar ao mercado. Não tem que sair correndo de prateleira em prateleira, decidindo a cada passo se necessita ou não daquele gênero exposto à compra. Ela economiza tempo, energia e atividade.

Agora estamos prontos para formular uma definição das funções da mente e uma definição de atividade mental como parte do organismo global a que chamamos ser humano. A atividade mental parece ser a atividade que a pessoa total exerce num nível energético inferior ao das atividades que denominamos físicas. Devo determe aqui para dizer que, ao usar a palavra "inferior", não estou fixando um valor de apreciação. Só quero dizer que as atividades que denominamos mentais exigem menos dispêndio de substância corporal que as que chamamos físicas. Todos nós acreditamos que o professor sedentário pode se sustentar com menos calorias que o cavador de fossas. Assim como a água se transforma em vapor pela aplicação do calor, a atividade corporal oculta se transforma na atividade latente, particular, que chamamos de mental, devido a uma diminuição de intensidade. O organismo age e reage a seu meio, com maior ou menor intensidade; à medida que diminui a intensidade, o comportamento físico se transforma em comportamento mental. Quando a intensidade aumenta, o comportamento mental torna-se comportamento físico.

Mais um exemplo poderá tornar este conceito inteiramente claro. Quando um homem está, de fato, atacando um

Fundamentos 29

inimigo, mostra abertamente uma enorme atividade corporal. Contrai os músculos, seu coração bate mais rápido, é jogada adrenalina em grandes quantidades na corrente sanguínea, sua respiração se torna rápida e superficial, seus maxilares ficam cerrados e rígidos, todo seu corpo fica tenso. Quando fala sobre como detesta esse inimigo, ainda mostrará sinais físicos explícitos, embora estes existam em número menor que quando está realmente lutando. Quando se sente furioso e pensa em atacar o inimigo, ainda mostra muitos sinais físicos claros. Mas estes sinais são menos visíveis e menos intensos que quando está realmente lutando, ou falando sobre isso. Seu comportamento é, agora, de intensidade ainda menor. Sua atividade explícita se transformou em atividade mental.

Nossa capacidade para agir num nível de intensidade diminuída — adotar uma conduta mental — é uma tremenda vantagem, não apenas para o ser humano, na resolução de problemas individuais, mas também de toda a espécie. A energia que o homem economiza pensando nos problemas em lugar de atuar em toda situação pode agora ser investida num enriquecimento de sua vida. Ele pode fazer e usar instrumentos que, mais tarde, lhe pouparão energia e, portanto, lhe oferecerão maiores oportunidades de enriquecimento. Mas essas não são as únicas vantagens. A habilidade do homem para abstrair e combinar abstrações, sua capacidade para inventar símbolos, para criar a arte e a ciência, tudo isto está intimamente ligado à sua capacidade de fantasiar. A capacidade básica de criar e usar símbolos está acrescida pelos produtos reais do uso de símbolos. Cada geração herda as fantasias de todas as gerações anteriores, e assim acumula maior conhecimento e compreensão.

Esta concepção da vida e comportamento humanos como constituídos por níveis de atividade acaba de uma vez por todas com o paralelismo psicofísico perturbador e insatisfatório, com que a psicologia vem lidando desde seu nascimento. Ela nos permite ver os lados mental e físico do comportamento humano, não como entidades independentes que poderiam ter existências separadas dos seres humanos ou uma da outra, o que foi a conclusão lógica e inevitável das psicologias mais antigas. Permite-nos ver o ser humano como ele é, como um todo, e exa-

30 A ABORDAGEM GESTÁLTICA

minar seu comportamento como se manifesta, ao nível explícito da atividade física e ao nível oculto da atividade mental. Uma vez que reconheçamos que pensamentos e ação são feitos da mesma matéria, podemos traduzir e transpor de um nível para outro. Assim, podemos, finalmente, introduzir na psicologia um conceito holístico — o conceito de campo unificado que os cientistas têm sempre desejado achar e em cuja direção têm tateado os psicossomatas contemporâneos. Em psicoterapia, este conceito nos dá um instrumento para lidar com o homem global. Agora podemos ver como suas ações mentais e físicas estão entrelaçadas. Podemos observar o homem de modo mais agudo e usar nossas observações mais significativamente. Pois como agora é mais ampla a superfície que podemos observar se as atividades física e mental são da mesma ordem, podemos observar a ambas como manifestação da mesma coisa: o ser do homem. Nem o paciente nem o terapeuta estão limitados pelo que o paciente diz e pensa: ambos podem agora levar em consideração o que ele *faz*. O que ele faz fornece indícios para o que pensa, assim como o que pensa fornece indícios para o que faz ou gostaria de fazer. Entre os níveis do pensar e do fazer há um estágio intermediário de fazer de conta na terapia e, se observarmos acuradamente, notaremos que o paciente faz de conta com uma porção de coisas. Ele próprio saberá o que significam seus atos, suas fantasias, suas representações, se nos limitarmos a chamar sua atenção. Ele mesmo fornecerá suas próprias interpretações.

Através da própria experiência nos três níveis de imaginar, representar e fazer, se tornará um entendedor de si mesmo. A psicoterapia, então, deixa de ser uma escavação do passado, em termos de repressões, conflitos edipianos e cenas primárias, para se tornar uma experiência de viver no presente. Nesta situação de vida, o paciente aprende por si como integrar seus pensamentos, sentimentos e ações, não só quando está no consultório, mas no curso da vida cotidiana. O neurótico, obviamente, não se sente como uma pessoa total. Sente-se como se seus conflitos e vivências inacabadas o estivessem rasgando em pedaços. Mas com o reconhecimento de que é, sendo humano, um todo, vem a capacidade de adquirir aquele sentido de totalidade que é seu direito natural.

FUNDAMENTOS   31

Limite de Contato

Ninguém é autossuficiente; o indivíduo só pode existir num campo circundante. É, inevitavelmente, a cada momento, uma parte de algum campo. Seu comportamento é
uma função do campo total, que inclui a ambos: ele e seu
meio. O tipo de relação homem/meio determina o comportamento do ser humano. Se o relacionamento é mutuamente satisfatório, o comportamento do indivíduo é o
que chamamos de normal. Se é de conflito, trata-se do
comportamento descrito como anormal. O meio não cria
o indivíduo, nem este cria o meio. Cada um é o que é, com
suas características individuais, devido a seu relacionamento com o outro e o todo. O estudo do corpo humano por si só e do que ocorre inteiramente dentro dele é
domínio da fisiologia. O estudo do meio sozinho, do que
ocorre fora de nós, é domínio das ciências físicas, geográficas e sociais. Nestas ciências — elementos do campo
total, que incluem tanto o indivíduo quanto o meio — pode-se estudá-los sozinhos, porque a preocupação desses
campos é precisamente com os elementos que existem
independentes um do outro. A estrutura do olho humano não tem influência na estrutura do objeto que ele vê.
Nem a estrutura desse objeto tem influência na estrutura
do olho. Mas a psicologia não pode fazer tais abstrações
nem lidar com a estrutura do olho *per se*. O estudo do
modo que o ser humano funciona no seu meio é o estudo
do que ocorre na fronteira de contato entre o indivíduo e
seu meio. É neste limite de contato que ocorrem eventos
psicológicos. Nossos pensamentos, ações, comportamentos e nossas emoções são nossa maneira de vivenciar e
encontrar esses fatos limítrofes.

Com este conceito chegamos a um ponto de divergên-
cia com as psicologias mais antigas. Elas estabeleceram
outra cisão. Como a divisão mente/corpo, passaram a tratar as abstrações que postularam como uma realidade fac-
tual, e então estabeleceram a confusão, em seu esforço de
se livrar das dificuldades em que se meteram. Dividiram
a experiência em interior e exterior e então se defronta-
ram com a pergunta insolúvel de se o homem é regido por
forças de fora ou de dentro. Este tipo de abordagem, esta
necessidade de uma causalidade simples, esta omissão do
campo total, estabelece problemas de situações que, na
realidade, são indivisíveis.

Em verdade, posso dividir a frase "Eu vejo uma árvore" em sujeito, verbo e objeto. Mas na experiência o processo não pode ser cindido desta maneira. Não há vista sem algo para ser visto. Nem algo é visto se não há olho para vê-lo. Entretanto, pela divisão da experiência no que é de dentro e de fora, e lidando com suas abstrações — dentro e fora — como se fossem realidades empíricas, os cientistas tinham que achar alguma explicação para cada uma. E, de fato, na realidade, nenhuma pode ser explicada sem a outra.

A teoria do arco reflexo foi planejada para explicar a experiência interna: primeiramente o estímulo (o exterior) atinge o receptor (órgãos dos sentidos), então os impulsos são transportados pelo sistema intermediário (os nervos) ao efetor (os músculos). É verdade que agimos através de dois sistemas, o sensorial e o motor. Mas o organismo se conecta com o mundo através de ambos. Seu sistema sensorial lhe provê uma orientação, seu sistema motor lhe dá um sentido de *manipulação*. Um não é função do outro, nenhum é temporal ou logicamente anterior ao outro, ambos são funções do ser humano total.

Com esta nova perspectiva, organismo e meio se mantêm numa relação de reciprocidade. Um não é a vítima do outro. Seu relacionamento é, realmente, o de opostos dialéticos. Para satisfazer suas necessidades, o organismo tem que achar os suplementos necessários no meio. O sistema de orientação descobre o que é procurado; todos os seres vivos são capazes de sentir quais são os objetos externos que satisfarão suas necessidades. O cachorrinho faminto não se confunde pela miríade de formas, cheiros, barulhos e cores do mundo; vai direto à teta de sua mãe. Esta é a figura em primeiro plano.

Uma vez que o sistema de orientação realize sua tarefa, o organismo tem que manipular o objeto de que necessita, de modo a que o equilíbrio orgânico seja reinstaurado e a Gestalt se complete. A mãe acordada pelo choro do bebê não se contentará em deitar confortavelmente em sua cama, ouvindo o lamento de sua cria. Fará algo para eliminar a perturbação. Tentará satisfazer as necessidades do bebê, e quando estiverem satisfeitas, ela também poderá voltar a dormir. O cachorrinho, tendo achado a mama, sugará.

Fundamentos   33

Estes conceitos têm, também, significado em psicoterapia. Em primeiro lugar, a concepção de que a ação efetiva é ação dirigida para a satisfação de uma necessidade dominante nos dá indícios do significado de tipos específicos de comportamento adicional para a compreensão da neurose. Se, por alguma alteração no processo homeostático, o indivíduo for incapaz de manipular seu meio a fim de atingi-las, comportar-se-á de modo desorganizado e ineficaz. Estará tentando fazer muitas coisas ao mesmo tempo.

Estou certo de que terão notado, em sua própria experiência, que quando sua atenção está dividida entre dois objetos de interesse, não é possível se concentrar adequadamente em nenhum. Esta incapacidade de concentração é uma queixa frequente do neurótico. Quando há mais de dois objetos demandando nossa atenção, ou se o objeto de interesse é obscuro, sentimo-nos confusos. Se há duas situações inconsistentes requerendo nossa atenção, dizemos que há conflito. Se este é permanente e aparentemente insolúvel, nós o encaramos como conflito neurótico.

O neurótico perdeu a habilidade (ou talvez nunca a tenha desenvolvido) de organizar seu comportamento de acordo com uma hierarquia indispensável de necessidades. Literalmente, não pode se concentrar. Na terapia, ele tem que aprender como distinguir, entre miríades de necessidades, uma da outra, e como dedicar-se a uma de cada vez. Deve aprender a distinguir e identificar-se com suas necessidades; deve aprender como, a cada momento, ficar totalmente envolvido no que está fazendo, como manter uma situação o tempo suficiente para fechar a Gestalt e passar a outro assunto. *Organização mais meio é igual a campo.*

Retornemos, por instantes, à discussão da relação do organismo com o campo ou, mais especificamente, ao relacionamento do indivíduo com seu meio. Além da necessidade de um sistema de orientação e manipulação com que alcançar sua satisfação, tem atitudes para com as coisas do meio, que podem ajudar ou impedir sua busca de satisfação. Freud descrevia isto dizendo que os objetos do mundo recebem uma catexis. Em termos gestálticos, poderíamos dizer que tais objetos se tornam figuras. Os desejados, porque ajudam a satisfazer as necessidades do indivíduo e a restabelecer o equilíbrio perturbado, são

34 A Abordagem Gestáltica

considerados como tendo uma catexis positiva. A água é uma catexis positiva para um homem com sede; uma cama macia o é para um homem cansado. Os que são indesejáveis, porque ameaçam o indivíduo ou tendem a perturbar seu equilíbrio ou não satisfazem suas necessidades, têm uma catexis negativa.

O homem está pendente entre a *impaciência* e o *pavor*. Cada necessidade requer satisfação imediata, sem qualquer demora. A impaciência é, pois, a primeira forma emocional assumida pela excitação — produzida pela presença de uma necessidade e o distúrbio do equilíbrio. A impaciência é a base da catexis positiva. Por outro lado, o *pavor* é a base de todas as catexis negativas; é a experiência de antissobrevivência. O temível é experimentado como um perigo vago, indiferenciado: logo que há um objeto com que competir, o pavor abranda para medo. Assim como a catexis positiva indica os suplementos de apoio à vida, a catexis negativa indica perigo, apoio diminuído, ou mesmo morte. De qualquer modo, é ameaçador que parte ou toda nossa existência esteja em risco, quer seja na existência física (doença), integridade sexual (castração), autoconceito (humilhação), *Weltanschauung* (confusão existencial), segurança (depressão econômica), ou qualquer de uma quantidade de outras coisas.

O indivíduo quer se apropriar ou ganhar os objetos ou pessoas do meio que têm uma catexis positiva; o jovem apaixonado quer casar com a moça de sua escolha, o homem faminto quer comer. Tentando adquirir os objetos com catexis positivas, o indivíduo *contata* com seu meio. estende-se em direção a ele. Por outro lado, tem uma orientação inteiramente diferente em relação aos objetos ou pessoas que têm uma catexis negativa. Quer aniquilá-los ou removê-los do campo. Isto se aplica tanto a nossa fantasia quanto ao mundo real. O fazendeiro tentará matar a raposa que ronda seu galinheiro. Nós tentaremos remover os "maus" pensamentos e emoções indesejáveis de nossas "mentes", como se fossem inimigos reais.

O caminho mais seguro para aniquilar um inimigo é, sem dúvida, destruí-lo ou torná-lo inofensivo. Isto significa destruir as qualidades que sustentam sua ameaça contra nós. Quando Dalila cortou o cabelo de Sansão, fez justamente isto. A melhor coisa a fazer, em segundo lugar, seria assustá-lo ou ameaçá-lo, expulsá-lo. Além desses

FUNDAMENTOS 35

métodos de destruição, podemos lidar com a situação ou objeto de catexis negativa, através da destruição mágica ou pela fuga do campo de perigo. Ambos são meios de *retrair-se.* A destruição mágica é bem conhecida em psicoterapia pelo nome de *escotoma,* isto é, ponto cego. Há pessoas que literalmente não veem o que não querem ver, não ouvem o que não querem ouvir, não sentem o que não querem sentir — tudo isto para acabar com o que consideram perigoso — os objetos ou situações que, para eles, têm catexis negativas. A aniquilação mágica é uma fuga parcial, um substituto para uma fuga real.

Nesta era da psicanálise, tendemos a pensar na *fuga* como um dos sintomas de neurose. Mas isto é uma compreensão errônea do fenômeno. A fuga, em si, não é boa nem má, é apenas um modo de enfrentar o perigo. A pergunta de se é ou não patológica só pode ser respondida por nossas respostas a estas perguntas; fuga de quê, para quê e por quanto tempo.

A mesma coisa se aplica ao contato. Por si só, ele não é bom nem mau, embora em nossa época de preocupação com o "ajustamento social" tendamos a avaliar a capacidade de fazer contato acima de todas as outras. Entretanto, algumas formas de contato não são saudáveis. Você mesmo deve ter conhecido muita gente que, simplesmente, tem que estar em contato contínuo com você: os que se penduram. Cada psicoterapeuta sabe que eles são tão difíceis de tratar quanto as personalidades profundamente fugidias. Há algumas pessoas que se sentem impelidas a se manter em contato com suas ideias fixas; são tão perturbadas quanto os esquizofrênicos, que se afastam completamente.

Portanto, nem todo contato é saudável, nem toda fuga é doentia. Uma das características do neurótico é não poder fazer bom contato, nem organizar sua fuga. Quando deveria estar em contato com seu meio, sua mente está em qualquer outro lugar e assim não pode se concentrar. Quando deveria fugir, não pode. A insônia, uma queixa frequente dos neuróticos, é um exemplo da incapacidade de fugir. O fenômeno do tédio é outra. O tédio ocorre quando tentamos ficar em contato com algo que não fixa nosso interesse. Rapidamente exaurimos qualquer excitação; nos tornamos cansados e desinteressados. Que-

36   A ABORDAGEM GESTÁLTICA

remos fugir de situações. Se não achamos uma desculpa
adequada para fazê-lo, o contato extra se torna doloroso
e o expressamos exatamente nestes termos: "estou morto
de tédio" ou "choro de tédio". Se deixarmos nosso cansaço
tomar conta de nós, fugimos para nossa fantasia, para um
contato mais interessante. Fica claro que nosso contato é
apenas um problema temporário, pelo interesse renova-
do que sentimos quando, subitamente, nos encontramos
debruçados para escutar, atentamente, alguém que nos
fale de modo mais fascinante. De novo, estamos em contato — "estamos totalmente entregues".

O contato e a fuga são opostos dialéticos. São descri-
ções dos caminhos pelos quais encontramos os fatos psicológicos. São nossos meios de lidar na fronteira de contato com objetos do campo. No campo organismo/meio, as
catexis positiva e negativa (contato/fuga) se comportam
de maneira muito semelhante às forças de atração e re-
pulsão do magnetismo. De fato, o campo total organismo/
meio é uma unidade dialeticamente diferenciada. É diferenciada biologicamente em organismo e meio, psicologicamente em si mesmo e o outro, moralmente em egoísmo
e altruísmo, cientificamente em subjetivo e objetivo etc.

Quando o objeto catexial, seja sua catexis positiva ou
negativa, foi apropriado ou destruído, contatado ou dele
se fugiu, ou relacionado de algum modo satisfatório com
o indivíduo, tanto ele quanto a necessidade a que está
associado desaparecem do meio; a Gestalt está fechada.
O objeto catexial e a necessidade têm uma relação quase matemática entre si; se a necessidade é um menos, o
objeto catexial é um mais. Se um homem tem sede, sente
uma falta de líquido, sua necessidade é vivenciado como
um menos para ele. Nesse momento, um copo d'água tem
uma catexis positiva para ele e é vivenciado como um
mais. O número exato de unidades de líquido que precisa
pode ser medido, e quando consegue tal número do meio,
suas necessidades estão satisfeitas. A soma, se ela existisse, da necessidade e do objeto catexial é zero.

Este contato com o meio e a fuga dele, esta aceitação e
rejeição do meio, são as funções mais importantes da personalidade global. São aspectos positivos e negativos dos
processos psicológicos pelos quais vivemos. São opostos
dialéticos, parte da mesma coisa, a personalidade total. Os
psicólogos que mantêm uma concepção dualista do ho-

FUNDAMENTOS 37

mem o veem operando como forças opostas que partem o indivíduo em pedaços. Por outro lado, nós os vemos como aspectos de uma mesma coisa: *a capacidade de discriminação*. Esta pode se tornar confusa e funcionar mal. Quando o faz, o indivíduo fica incapaz de se comportar apropriadamente e, em consequência, o descrevemos como um neurótico. Mas quando a capacidade de discriminação funciona bem, os componentes de aceitação e rejeição, de contato e fuga, estão sempre presentes e ativos.

Na verdade, esta função parece ser parte do próprio ritmo da vida. Durante o dia, quando acordados, tocamos o mundo, estamos em contato com ele. Durante a noite, dormindo, fugimos, abandonamos o contato. No verão, em geral, saímos mais que no inverno. No tempo, frio, a fuga é perfeitamente exemplificada pelos animais que hibernam, dormindo durante toda a estação.

Contatar o meio é, num certo sentido, formar uma Gestalt. Fugir é fechá-la completamente ou reunir forças para tornar o fechamento possível. O pugilista entra em contato com o queixo de seu oponente, mas não deixa lá seu punho. Retira-o para o próximo golpe. Se o contato é superprolongado, torna-se sem efeito e doloroso; se a fuga é muito demorada, interfere no processo de vida. Contato e fuga, num padrão rítmico, são nossos meios de satisfazer nossa necessidade de continuar os progressivos processos da vida.

Temos agora a hierarquia das necessidades, o equipamento — sensorial e motor — com que satisfazê-las, as catexis positivas e negativas do campo, contato e fuga, impaciência e pavor. Isto nos leva a perguntar que força energiza basicamente todas as nossas ações. Esta força parece ser a emoção. Porque, embora a psiquiatria moderna trate as emoções como se fossem um acréscimo incômodo que tem que ser libertado, as emoções são a nossa própria vida. Podemos teorizar e interpretar as emoções de qualquer forma que queiramos. Mas isto é uma perda de tempo. Pois as emoções são a própria linguagem do organismo; modificam a excitação básica de acordo com a situação que é encontrada. A excitação é transformada em emoções específicas e as emoções são transformadas em ações sensoriais e motoras. As emoções energizam as catexis e mobilizam os modos e meios de satisfação de necessidades.

38 A ABORDAGEM GESTÁLTICA

Eis, novamente, algumas indicações para a psicoterapia. Outrora, descrevíamos a neurose como a doença que surge quando o indivíduo, de alguma forma, Interrompe os processos contínuos da vida e se sobrecarrega com tantas situações incompletas que não pode prosseguir satisfatoriamente com o processo de viver. As interrupções que descrevemos como psicológicas ou neuróticas eram, quando contrastadas com as que chamamos de fisiológicas, do tipo que ocorre num nível da conscientização ou num nível que pode chegar a sê-lo. Agora vemos algo mais sobre o neurótico. O ritmo do seu contato-afastamento está fora de forma. Não pode decidir por si mesmo quando participar e quando fugir porque todas as *vivências inacabadas* de sua vida, todas as interrupções do processo contínuo, perturbaram seu sentido de orientação e ele não é mais capaz de distinguir entre os objetos ou pessoas do meio que têm uma catexis positiva e os que têm uma catexis negativa; não sabe como ou do que fugir. Perdeu a liberdade de escolha, não pode selecionar meios apropriados para seus objetivos finais porque não tem a capacidade de ver as opções que lhe estão abertas.

2 MECANISMOS NEURÓTICOS

O Nascimento da Neurose

A probabilidade de sobrevivência física do indivíduo é quase nula, se ele for deixado inteiramente por conta própria. O homem necessita dos outros para sobreviver fisicamente. Suas probabilidades de sobrevivência fisiológica e emocional são ainda menores se for deixado só. No nível psicológico, o homem necessita de *contato* com outros seres humanos, assim como, no nível fisiológico, necessita de comida e bebida. O sentido de relação com o grupo lhe é tão natural quanto seu sentido de relação com qualquer dos seus impulsos fisiológicos de sobrevivência. De fato, este sentido de identificação é provavelmente seu impulso mais primitivo de sobrevivência psicológica.

A abordagem gestáltica, que considera o indivíduo uma função do campo organismo/meio e que considera seu comportamento como um reflexo de sua ligação dentro deste campo, dá coerência à concepção do homem tanto como indivíduo quanto como ser social. As psicologias mais antigas descreviam a vida humana como um conflito constante entre o indivíduo e seu meio. Por outro lado, nós o vemos como uma interação entre os dois, dentro da estrutura de um campo constantemente mutável. E, uma vez que o campo está mudando constantemente, devido a sua própria natureza e ao que lhe fazemos, suas formas e técnicas de interação devem ser, elas mesmas, necessariamente fluidas e mutáveis.

O que nos interessa como psicólogos e psicoterapeutas, neste campo em perpétua mudança, são os grupos

40 A ABORDAGEM GESTÁLTICA

sempre mutantes do indivíduo sempre mutante, pois ele tem que mudar constantemente se quiser sobreviver. Quando o indivíduo se torna incapaz de alterar suas técnicas de manipulação e interação é que surge a neurose. Quando o indivíduo está cristalizado num modo de atuar obsoleto, fica menos capaz de ir ao encontro de qualquer de suas necessidades de sobrevivência, inclusive das necessidades sociais. E o extenso número de pessoas alienadas, não identificadas e isoladas que encontramos a nossa volta é uma ampla evidência de que esta incapacidade pode surgir facilmente. Se encararmos o homem em seu meio tanto como indivíduo quanto como ser social, como parte do campo organismo/meio, não podemos jogar a culpa desta alienação nem no indivíduo nem no meio. No primeiro capítulo, falando sobre o velho problema corpo/mente, mostramos que não pode haver uma relação causal entre os elementos que constituem o todo. E, desde que o indivíduo e o meio são meramente elementos de um único todo, o campo, nenhum deles pode ser considerado responsável pelas doenças do outro.

Mas ambos estão doentes. Uma sociedade constituída por muitos neuróticos tem que ser uma sociedade neurótica; das pessoas que vivem numa sociedade neurótica, um grande número tem que ser neurótico. O homem que pode viver em contato íntimo com sua sociedade, sem ser tragado por ela nem dela completamente afastado, é um homem bem integrado. É autossuficiente, porque compreende a relação entre si e a sociedade, como as partes do corpo parecem compreender, instintivamente, sua relação com o corpo como um todo. É um homem que reconhece os limites de contato entre ele e sua sociedade, que dá a César o que é de César e fica com suas coisas para si. O objetivo da psicoterapia é justamente criar tal homem.

Por outro lado, o ideal de uma comunidade democrática é criar uma sociedade com as mesmas características, uma comunidade na qual, à medida que suas necessidades sejam determinadas, cada membro participe para o benefício de todos. Tal sociedade está em íntimo contato com seus membros. Nela, a barreira entre o indivíduo e o grupo está claramente traçada e claramente sentida. O indivíduo não é subserviente ao grupo, nem o grupo fica à mercê do indivíduo. O princípio da homeostase, da autorregulação, também governa tal sociedade. Da mesma forma que

MECANISMOS NEURÓTICOS   41

o corpo responde primeiro às necessidades dominantes, a sociedade responderia em primeiro lugar a suas necessidades dominantes. Se um incêndio ameaçasse toda a comunidade, cada um deveria ajudar a extinguir as chamas e salvar vidas e propriedades. Mas, como o corpo humano como um todo luta para preservar a integridade de todos os seus membros quando um está sendo atacado, assim numa comunidade bem regulada ou autorregulada, se o fogo ameaça apenas uma casa, os vizinhos do proprietário e, se necessário, toda a comunidade, deveriam ajudá-lo a lutar contra o incêndio. Os membros da comunidade e seus administradores deveriam se identificar mutuamente, e os membros deveriam se identificar entre si.

O homem parece nascer com um sentido de equilíbrio social e psicológico tão acurado quanto seu sentido de equilíbrio físico. Cada movimento que faz no nível social ou psicológico é dirigido para a descoberta deste equilíbrio, de equilíbrio estável entre suas necessidades pessoais e as demandas de sua sociedade. Suas dificuldades emergem não do desejo de rejeitar tal equilíbrio, mas dos movimentos extraviados que visavam atingi-lo e mantê-lo.

Quando estes movimentos o colocam em severo conflito com a sociedade porque, à procura do limite de contato (o ponto de equilíbrio), arriscou-se demais e entrou rudemente em choque com a sociedade, nós o chamamos de criminoso. O criminoso é o homem que se apropria de funções tradicionalmente definidas como prerrogativas do estado. O homem que usurpa tais funções é, em nossa sociedade, um criminoso.

Quando, por outro lado, a busca de equilíbrio do homem o leva a retirar-se mais e mais, a permitir que a sociedade o influencie demais, a subjugá-lo com suas exigências, ao mesmo tempo a separá-lo do convívio social, a pressioná-lo e moldá-lo passivamente, nós o chamamos de neurótico. O neurótico não pode ver claramente suas próprias necessidades e, portanto, não pode satisfazê-las. Não pode distinguir adequadamente entre si e o resto do mundo e tende a ver a sociedade como maior que a vida e a si mesmo como menor. O criminoso não pode ver as necessidades dos outros — e por isso pisa nelas — porque também ele não pode distinguir adequadamente entre si próprio e o resto do mundo. Comparado ao neurótico, tende a se ver como maior que a vida e a sociedade como menor.

42 A ABORDAGEM GESTÁLTICA

O que permite que tais distúrbios no equilíbrio surjam no campo organismo/meio? Os sociólogos examinarão esta pergunta tomando como base o meio ambiente. Os psicólogos, psiquiatras e psicoterapeutas a examinarão procurando ver o que acontece no indivíduo. Parece-me que o desequilíbrio surge quando, simultaneamente, o indivíduo e o grupo vivenciam necessidades diferentes, e quando o indivíduo é incapaz de distinguir qual é a dominante. O grupo pode significar a família, o estado, o círculo social, companheiros de trabalho — qualquer ou todas as combinações de pessoas que tenham uma relação funcional específica com um outro, em qualquer tempo. O indivíduo, que é parte deste grupo, vivencia a necessidade de contato com ele como um de seus primitivos impulsos psicológicos de sobrevivência, embora, sem dúvida, não experimente necessidade tão profundamente sempre. Mas quando, ao mesmo tempo, sente uma necessidade pessoal, para cuja satisfação necessita do grupo, podem começar os problemas. Na situação de conflito de necessidades, o indivíduo tem que ser capaz de tomar uma decisão clara. Se o faz, ou fica em contato ou foge; sacrifica temporariamente a necessidade menos dominante à mais dominante e pronto! Nem ele nem o meio sofrem qualquer consequência grave. Mas quando não pode discriminar, quando não pode tomar uma decisão, ou se sente satisfeito com a decisão que tomou, não faz um bom contato nem uma boa fuga, tanto ele quanto o meio ficam afetados.

Parece haver, em todos os seres humanos, uma tendência inata para o ritual, que pode ser definida como uma expressão do sentido de identificação social do homem, sua necessidade de contato com um grupo. Achamos esta tendência não apenas entre os primitivos, mas também entre grupos altamente civilizados. O brinquedo das crianças é amplamente constituído de rituais de ação e repetição. Paradas, festivais, cerimônias religiosas, são todas expressões desta necessidade. De modo pervertido, a necessidade deste ritual parece formar a base das neuroses obsessivas e compulsivas — aquelas que se revelam através de necessidades tão ridículas como a compulsão de lavar as mãos a cada vinte minutos. Os rituais obsessivos deste tipo sempre têm raízes sociais e pessoais. Contudo, mantêm a forma social devido ao conteúdo social

MECANISMOS NEURÓTICOS

e, ao mesmo tempo, são incapazes de satisfazer as necessidades móveis do indivíduo. São, no máximo, formas estéreis de expressão — que não dão nada a César nem a si mesmo. Mas também as pessoas normais parecem sentir uma necessidade de ritual. Se numa ocasião importante não houvesse nenhum ritual — nenhum brinde, aperto de mãos, discurso, cântico, nenhuma cerimônia de qualquer tipo — tudo pareceria sem sentido e vazio. O ritual parece dar a tal experiência ordem, forma e objetivo. Em termos gestálticos, poderíamos dizer que torna mais evidente, faz a figura sobressair mais nitidamente. Todos nós, por exemplo, parecemos sentir a necessidade de algum ritual para lidar com a morte. Mesmo o cidadão menos sofisticado do mundo acharia chocante se simplesmente empacotássemos nossos cadáveres e nos desembaraçássemos deles.

Ao mesmo tempo em que satisfaz uma necessidade profunda do indivíduo, o ritual tem um valor social. Isto porque reforça o valor de sobrevivência da vida em grupo. Mantém as pessoas juntas. O jogo, por exemplo, aumenta a coordenação de seus participantes e, ao mesmo tempo, aumenta sua capacidade de agir como um todo em defesa de suas necessidades grupais. A magia — que é apenas a manipulação fantasiosa do meio — serve para assegurar o valor do grupo como instrumento para a aquisição de objetivos. É usada para pedir o apoio de poderes benéficos (aqueles que têm uma catexis positiva) e para destruir poderes temidos (os que têm uma catexis negativa). Seja qual for seu valor para o grupo, o ritual — e ele é destinado a isso — interromperá pelo menos alguns dos processos espontâneos e pessoais do indivíduo no grupo. Uma vez que haja um engajamento no ritual, todas as outras atividades serão desconsideradas como impuras. A maior concentração, como convém a uma necessidade dominante de sobrevivência, é pedida e adquirida com solenidade e respeito. Somente uma total participação de toda a personalidade resultará naquele sentimento religioso de existência intensificada, de exaltação, de integração, sem diminuição do estado de plena consciência tanto do indivíduo como do grupo, tanto do si mesmo quanto do outro, e da plena conscientização pelo indivíduo de que é parte do grupo.

44 A ABORDAGEM GESTÁLTICA

Mas tal intensificação de sentimentos só é possível se a participação total for ininterrupta, Se há qualquer interrupção — advinda do meio, ou se o indivíduo interrompe em fantasia — desaparecem a significação e integração de toda a atividade.

Agora suponhamos que no processo da atividade grupal, ou ritual, o indivíduo subitamente perceba uma necessidade pessoal de sobrevivência que parece mais dominante que a atenção ao ritual. Suponhamos, por exemplo, que um coral está no meio de sua apresentação e um de seus membros de repente descobre que tem de urinar. Sua necessidade de sobrevivência se introduz profanamente no ato solene. Temos, então, três possibilidades: o indivíduo pode se retirar (mas silenciosamente, para não chamar a atenção), pode reprimir sua necessidade e forçá-la a não existir temporariamente, ou pode oscilar sua atenção de suas próprias necessidades às necessidades do grupo. No último caso tenta manter-se em contato com o ritual, concedendo-lhe a posição de dominância, mas não o poderá num conflito traumático, que pode ocorrer entre o pavor e a impaciência. O sofredor poderia declarar sinceramente seu aperto: "Desejo urinar; gostaria de poder interromper a sessão, mas queremos prosseguir. Não gostamos de ser perturbados. E não é educado perturbar os outros. Por isso, gostaria de não precisar urinar, e tenho que me controlar. Gostaria que minha bexiga não me incomodasse. É realmente um transtorno."

Nesta afirmação aparentemente inocente se esconde uma série de confusões que podem conduzir à neurose. Quem fala está, visivelmente, incapaz de distinguir adequadamente entre si e seu meio, e seu pronunciamento contém todos os quatro mecanismos que se encontram nos distúrbios de limite que a terapia gestáltica acredita que permanecem por trás das neuroses. Isto não quer dizer que aquele que o proferiu seja declaradamente neurótico. Significa que as atitudes que jazem sob o pronunciamento, se não forem examinadas, se representam um padrão contínuo de pensamento e comportamento, podem se tornar atitudes completamente neuróticas. Assim, vamos deixar nosso sofredor por um momento e discutir o que são estes mecanismos neuróticos e como se desenvolvem. Então poderemos retornar a ele e ver como esta situação simples pode ser o modelo para o desenvolvimento de padrões neuróticos.

MECANISMOS NEURÓTICOS

Todos os distúrbios neuróticos surgem da incapacidade do indivíduo encontrar e manter o equilíbrio adequado entre ele e o resto do mundo e todos têm em comum o fato de que na neurose o social e os limites do meio sejam sentidos como se estendendo demais sobre o indivíduo, O neurótico é o homem sobre quem a sociedade influi demasiadamente. Sua neurose é uma manobra defensiva para protegê-lo contra a ameaça de ser barrado por um mundo esmagador. Trata-se de sua técnica mais efetiva para manter o equilíbrio e o sentido de autorregulação numa situação em que sente que as probabilidades estão todas contra ele.

Embora admitamos que as neuroses, os distúrbios de limites, operam originariamente através de quatro mecanismos que podem ser diferentes uns dos outros, seria irreal dizer que qualquer tipo particular de comportamento neurótico seja apenas um exemplo da atuação de qualquer um deles sozinho. Também não seria razoável dizer que qualquer confusão isolada sobre o limite — qualquer distúrbio isolado do equilíbrio no campo organismo/meio — produz a neurose ou é evidência de um modelo neurótico. Para dizer a verdade, há certas situações em que isto ocorre de fato e conduzem ao que os psiquiatras chamam de *neuroses traumáticas.* As neuroses traumáticas são essencialmente padrões de defesa que se originam numa tentativa de o indivíduo se proteger contra uma intromissão completamente apavorante da sociedade ou de choque com o meio. Por exemplo, a criança de dois anos, cujos pais a trancam num quarto escuro durante a noite, fica submetida a uma tensão quase insuportável. Fica reduzida a um nada — na verdade, a menos que nada, a um objeto de manipulação com nenhum direito ou poder próprios. Não há mais "ele", há apenas "eles" e o que "eles" podem fazer. Para se defender desta situação, a criança deve desenvolver rígidos padrões de comportamento. E estes podem persistir muito depois que o perigo haja passado. São postos em ação por um trauma, mas continuam a atuar mesmo quando o trauma deixou de existir.

Mas os distúrbios de limites que permanecem atrás da maioria das neuroses costumam ser menos dramáticos que estes. São importunos, crônicos, interferências diárias no processo de crescimento e autoconhecimento, através

46 A ABORDAGEM GESTÁLTICA

do qual encontramos sustento e maturidade. Qualquer que seja a forma que essas interferências e interrupções do crescimento possam tomar, resultam no desenvolvimento de contínua confusão entre o si-mesmo e o outro.

Introjeção

Todos nós crescemos exercitando a capacidade de discriminar, ela mesma uma função do limite si-mesmo/outro. Retiramos algo do meio e lhe devolvemos. Aceitamos ou rejeitamos o que o meio tem para oferecer. Só podemos crescer se, no processo de tomar, digerimos completamente e assimilamos inteiramente. O que realmente assimilamos do meio se torna nosso, para fazermos o que desejarmos. Podemos retê-lo ou devolvê-lo com sua nova forma, destilada através de nós. Mas aquilo que trazemos inteiro, o que aceitamos indiscriminadamente, o que ingerimos e não digerimos, é um corpo estranho, um parasita que se instala em nós. Não é parte de nós, embora pareça. É ainda parte do meio.

Fisicamente, este processo de crescimento por assimilação — pela desestruturação e digestão — é fácil de ver. Crescemos e nos mantemos não através da comida que engolimos inteira, mas pela comida que mastigamos (com o que começa o processo de desestruturação) e digerimos (o que dá continuidade ao processo pela mudança posterior da comida em partículas químicas, que o corpo pode usar). A comida física, adequadamente digerida e assimilada, torna-se parte de nós — é convertida em ossos, músculos e sangue. Mas a comida que engolimos inteira, que deitamos garganta abaixo, não porque a queremos, mas porque temos que comer, permanece pesadamente no estômago. Faz com que nos sintamos mal, queiramos vomitá-la, expulsá-la de nossos sistemas. Se não o fazemos, se suprimimos nosso mal-estar e náusea, e desejamos nos livrar dela, conseguimos, finalmente, uma digestão dolorosa ou que a comida nos envenene.

O processo psicológico de assimilação é extremamente semelhante a seu correlato fisiológico. Os conceitos, fatos, padrões de comportamento, a moral, os valores éticos, estéticos ou políticos — todos nos chegam, originalmente, do mundo externo. Não há nada em nossas mentes que

MECANISMOS NEURÓTICOS

não venha do meio, e não há nada no meio para o qual não haja uma necessidade orgânica, física ou psicológica. Estas devem ser digeridas e dominadas, se quiserem se tornar nossas de verdade, realmente uma parte da personalidade. Mas se simplesmente as aceitamos completamente e sem crítica, baseados na palavra de outra pessoa, ou porque estão na moda, ou são de confiança, ou tradicionais ou antiquadas ou revolucionárias — tornam-se um peso para nós. São realmente indigeríveis. Ainda são corpos estranhos, embora tenham se instalado em nossas mentes. Tais atitudes não digeridas, modos de agir, sentir e avaliar, a psicologia chama de *introjeções*, e o mecanismo pelo qual estes acréscimos estranhos são anexados à personalidade chamamos de introjeção.

Não digo que este processo de engolir algo inteiro não tenha, ocasionalmente, certa utilidade. O estudante que vira a noite estudando às vésperas de um exame, a fim de obter nota para passar numa matéria muito enfadonha, tem um motivo legítimo para suas ações. Mas se ele se ilude pensando que realmente aprendeu algo nessa virada, estará pronto para ter um desagradável choque quando, seis meses mais tarde, for de novo examinado na mesma matéria. Isto porque então terá perdido a maior parte do que "aprendeu".

Também não estou dizendo que o indivíduo deveria rejeitar qualquer alimento psicológico que vem do mundo externo. É tão impossível dar de comer a alguém psicologicamente como o é fisicamente. Quero dizer que o alimento psicológico que nos oferece o mundo externo — o alimento de fatos e atitudes sobre o qual se constroem as personalidades — tem que ser assimilado exatamente da mesma forma que nosso alimento real. Tem que ser desestruturado, analisado, separado e, de novo, reunido sob a forma que nos será mais valiosa. Se for meramente engolido inteiro não contribui para o desenvolvimento de nossas personalidades. Pelo contrário, nos torna algo semelhante a uma casa tão superlotada com coisas de outras pessoas que não sobra lugar para as coisas do dono. Transforma-nos em latas de lixo de informações estranhas e irrelevantes. E o que torna isto mais trágico é o fato de que se esta matéria tivesse que ser temperada, alterada e transformada através de nós, poderia ser-nos de um valor enorme.

48 A Abordagem Gestáltica

Os perigos da introjeção são, pois, duplos. Em primeiro lugar, o homem que introjeta nunca tem uma oportunidade de desenvolver sua própria personalidade porque está muito ocupado em ficar com os corpos estranhos alojados em seu sistema. Quanto mais se sobrecarrega com introjeções, menos lugar há para que expresse ou mesmo descubra o que é de fato. Em segundo lugar, a introjeção contribui para a desintegração da personalidade. Se alguém traga inteiros dois conceitos incompatíveis, pode se achar tragado em pedaços no processo de tentar reconciliá-los. E esta é uma experiência bastante comum hoje em dia.

Nossa sociedade, por exemplo, nos ensina desde a infância dois tipos de atitudes completamente diferentes e aparentemente opostas. Uma é a regra de ouro, "faz aos outros o que queres que te façam". O outro é a lei de sobrevivência do mais forte, que foi reduzida à divisa "cachorro come cachorro". Se introjetássemos estes dois pedaços de dogmas, terminaríamos tentando ser, ao mesmo tempo, gentis, simpáticos, despretensiosos, e arbitrariamente agressivos. Amaríamos nosso próximo, mas ao mesmo tempo não confiaríamos nele. Poderíamos nos fingir de meigos e ao mesmo tempo ser rudes e sádicos. Aqueles que de fato introjetam ambos os conceitos, ou qualquer conjunto de ideias antagônicas, fazem de suas próprias personalidades campos de batalha. E o conflito interno do neurótico é, em geral, uma luta até o empate, onde nenhum dos lados ganha, onde a personalidade fica imobilizada para qualquer crescimento e desenvolvimento posteriores.

A introjeção, pois, é o mecanismo neurótico pelo qual incorporamos em nós mesmos normas, atitudes, modos de agir e pensar, que não são verdadeiramente nossos. Na introjeção colocamos a barreira entre nós e o resto do mundo tão dentro de nós mesmos que pouco sobra de nós. Voltando ao exemplo do último capítulo, em que nosso cantor sofredor afirma: "Não é educado perturbar os outros", temos um exemplo de introjeção. Quem, afinal de contas, disse isso — ele ou eles? Será que ele realmente acredita que suas próprias necessidades são tão pouco importantes que se deve dar sempre preferência às necessidades do grupo? Quando aquele que introjeta diz "eu penso" geralmente quer dizer "eles pensam".

MECANISMOS NEURÓTICOS 49

Projeção

O contrário de introjeção é *projeção*. Assim como a introjeção é a tendência a fazer o si-mesmo responsável pelo que na realidade faz parte do meio, a projeção é a tendência a fazer o meio responsável pelo que se origina na própria pessoa. Clinicamente, reconhecemos que a doença da paranoia, que é caracterizada pelo desenvolvimento de um sistema altamente organizado de ilusões, é o caso extremo de projeção. A paranoica tem sido, caso após caso, a personalidade mais agressiva que, incapaz de suportar a responsabilidade de seus próprios desejos, sentimentos e vontades, se liga a objetos ou pessoas do meio. Sua convicção de que está sendo perseguida é de fato a afirmação de que gostaria de perseguir outros.

Mas a projeção existe em formas muito menos extremas que esta e temos que ser cuidadosos para distinguir entre projeção, que é um processo patológico, e suposição baseada na observação, que é normal e saudável. Planejar e antecipar, escaramuçar e manobrar num jogo de xadrez e muitas outras atividades envolvem comportamentos baseados na observação e em suposições sobre o mundo externo. Mas estas suposições são reconhecidas como suposições. O jogador de xadrez que pensa em muitas jogadas à frente está fazendo um grupo de suposições sobre os processos mentais de seu opositor, baseado em suas observações. Está dizendo, essencialmente: "Se eu fosse ele faria isto." Mas reconhece que está fazendo suposições que não necessariamente governarão o comportamento de seu opositor, reconhece que estas suposições são suas e não as do outro.

Por outro lado, a mulher sexualmente inibida que se queixa de que todos a estão tapeando, ou o homem frio, reservado, arrogante, que acusa os outros de não serem amigáveis — são exemplos de projeção neurótica. Nesses casos o indivíduo fez hipóteses baseadas em suas próprias fantasias e falhou em reconhecê-las apenas como hípóteses. Além disso, também recusou reconhecer a origem de suas hipóteses. Também a criação artística exige um tipo de comportamento de suposições e projeções. O romancista sempre se projeta literariamente em seus per-

50   A ABORDAGEM GESTÁLTICA

sonagens e enquanto escreve sobre cada um torna-se um deles. Mas, de novo, não sofre da confusão de identidade que caracteriza o neurótico. Sabe quando sai e quando seus personagens entram, embora no ardor da atividade criativa possa temporariamente perder seu senso de limite e se torne alguém diferente.

O neurótico não usa o mecanismo da projeção apenas em relação ao seu intercâmbio com o mundo externo. Também o usa consigo próprio. Tem uma tendência não somente para se desapropriar de seus próprios impulsos, mas também para se desapropriar das partes de si em que surgem os impulsos. Dá-lhes, como se assim fosse, uma existência objetiva fora de si, de modo a fazê-los responsáveis por seus problemas sem encarar o fato de que eles são partes suas. Em vez de ser um participante ativo de sua própria vida, aquele que projeta se torna um objeto passivo, a vítima das circunstâncias.

A frase queixosa de nosso cantor sobre sua bexiga, "Ela é de fato uma praga", é um pequeno exemplo claro de projeção. O "ela" levantou sua cabeça feia; nosso amigo está prestes a ser sacrificado por sua própria bexiga. "Tinha que acontecer logo comigo; tenho que sofrer", diz ele. Estamos testemunhando o nascimento de um indício de paranoia. Pois assim como a resposta à pergunta de quem introjeta "quem disse isso?" é "eles", a resposta à declaração de quem projeta é "é sua bexiga, é você quem quer urinar". Quando quem projeta usa ele, ela, eles, em geral quer dizer "eu".

Na projeção, pois, deslocamos a barreira entre nós e o resto do mundo exageradamente a nosso favor — de modo que nos seja possível negar e não aceitar as partes de nossa personalidade que consideramos difíceis, ou ofensivas ou sem atrativos. A propósito, em geral, são nossas introjeções que nos levam ao sentimento de autodesvalorização e autoalienação que produz a projeção. Porque nosso herói introjetou a noção de que boas maneiras são mais importantes que a satisfação de imperiosas necessidades pessoais, porque ele introjetou a crença de que a gente deve "sorrir e suportar", deve projetar e até mesmo expulsar seus impulsos que são contrários ao que agora considera atividades externas. Assim, ele não quer mais urinar; é um bom rapaz, quer ficar com o grupo e conti-

MECANISMOS NEURÓTICOS 51

nuar a cantar. Mas a bexiga odiosa e sem consideração, que vive justamente nele, e que agora ele concebe como sendo uma introjeção — um elemento estranho nele introduzido forçosamente contra a vontade — quer que ele urine. Como o introjetor, ele é incapaz de distinguir entre as facetas de sua personalidade total, que são realmente suas, e aquelas que lhe são impostas pelo exterior. Vê seus introjetos como si próprio e vê as partes de si das quais deveria se livrar como introjeções não digeridas ou indigeríveis. Projetando, espera se livrar de suas introjeções imaginárias que, de fato, não são de todo introjeções, e sim aspectos de si mesmo.

A personalidade introjetiva, que se torna um campo de batalha para ideias contrárias não assimiladas, é acompanhada pela personalidade projetiva, que faz do mundo o campo de batalha em que devem ser vencidos seus conflitos íntimos. A pessoa superalerta, supercautelosa, que lhe diz que quer amigos e quer ser amada, mas diz, ao mesmo tempo, que "você não pode confiar em ninguém, que todos estão a fim de saquear o que puderem", é uma projetiva por excelência.

Confluência

Quando o indivíduo não sente nenhuma barreira entre si e seu meio, quando sente que ele próprio e o meio são um, está em *confluência* com este meio. As partes e o todo são indistinguíveis entre si. Os recém-nascidos vivem em confluência; não possuem o sentido de distinção entre dentro e fora, entre si mesmo e o outro. Em momentos de êxtase ou extrema concentração, as pessoas adultas também se sentem confluentes com o que as cerca. Os rituais exigem este sentido de confluência, no qual as barreiras desaparecem e o indivíduo sente-se mais ele mesmo porque está estreitamente identificado com o grupo. Um dos motivos pelos quais o ritual produz um sentimento de exaltação e experiência intensa é que normalmente sentimos muito agudamente a barreira entre nós e o outro, e sua dissolução temporária é sentida, consequentemente, como uma coisa tremendamente impactante. Mas quando este sentimento de completa identificação é crônico e o indivíduo torna-se incapaz de ver a

52 A ABORDAGEM GESTÁLTICA

diferença entre si mesmo e o resto do mundo, está doente psicologicamente. Não pode vivenciar a si mesmo porque perdeu todo o sentido de si próprio.

A pessoa em quem a confluência é um estado patológico, não pode discriminar entre o que ela é e o que as outras pessoas são. Não sabe onde ele termina e começam os outros. Como não se dá conta da barreira entre ele e os outros, não pode entrar em bom contato com eles. Nem pode evitar envolver-se com eles. De fato, não pode sequer fazer contato consigo mesmo.

Somos feitos de milhares de células. Se fôssemos uma confluência, seríamos como uma massa gelatinosa e não haveria possibilidade de qualquer organização. Por outro lado, cada célula está separada de outra por uma membrana permeável, e esta membrana é o lugar de contato, de discriminação, para o que é "aceito" e o que é "rejeitado".

Entretanto, se as partes que nos compõem, que operam não somente como partes do ser humano total, mas também desempenham suas funções particulares, são reunidas e permanecem juntas em confluência patológica, nenhuma delas será capaz de cumprir seu trabalho adequadamente. Tomemos como exemplo alguma inibição crônica. Suponhamos que em várias ocasiões você desejou chorar, mas deixou de fazê-lo, contraindo deliberadamente os músculos de seu diafragma. Suponhamos que este tipo de comportamento, que originariamente surgiu como um esforço consciente para suprimir a necessidade de chorar, se torne habitual e inadvertido. A respiração e a necessidade de chorar teriam se tornado confusas e confluentes uma com a outra. Então você teria perdido ambas as atividades — a capacidade de respirar livremente e a capacidade de chorar. Incapaz de chorar, você nunca se soltaria e trabalharia com sua tristeza. Provavelmente, depois de algum tempo, você esqueceria até o motivo porque está triste. A necessidade de soluçar e a contração do diafragma como defesas contra a expressão desta necessidade formam, juntas, uma única frente estável de batalha de atividade e contra-atividade, e este combate perpétuo prossegue constantemente, isolado do resto da personalidade. O homem que está em confluência patológica amarra suas necessidades, emoções e atividades num amontoado de completa confusão até que não

MECANISMOS NEURÓTICOS 53

mais se dá conta do que quer fazer e de como está se impedindo de fazê-lo. Tal confluência patológica jaz sob muitas das doenças agora reconhecidas como psicossomáticas. A confusão respirar-soluçar que mencionamos anteriormente pode levar à asma, se persiste por muito tempo. A confluência patológica também tem sérias consequências sociais. Em confluência, a pessoa exige semelhança e recusa tolerar quaisquer diferenças. Encontramos isto frequentemente em pais que consideram os filhos como meras extensões de si próprios. Tais pais não levam em consideração que os filhos tendem a ser diferentes deles em pelo menos alguns aspectos. E se os filhos não são confluentes e não se identificam com as exigências de seus pais, encontrarão rejeição e alienação: "Você não é meu filho", "Não gosto de uma criança tão malcriada".

Se os membros das Nações Unidas apreciassem ou mesmo avaliassem as diferenças entre as nações que fazem parte da organização, fariam um bom contato e haveria uma boa oportunidade de resolver os problemas que agora assolam o mundo. Mas enquanto as diferenças não forem toleradas, enquanto cada nação quiser que todas as outras partilhem da sua visão, ponto por ponto, o conflito e a confusão continuarão. Enquanto não se avaliarem as diferenças, provavelmente elas serão perseguidas. Para a confluência, o pedido de total concordância é como a afirmação: "Se você não for meu amigo, eu lhe quebro a cara!"

A frase do nosso cantor, "Queremos prosseguir", quando de fato são eles que querem prosseguir e não ele — ele quer sair e urinar — é uma afirmação de confluência; uma afirmação de que ele não sabe mais distinguir entre si e o resto do grupo. Quando o homem que está em confluência patológica diz "nós" não se pode dizer sobre quem ele está falando; sobre si ou sobre o resto do mundo. Perdeu completamente todo o sentido de barreira.

Retroflexão

O quarto mecanismo neurótico pode ser chamado *retroflexão,* o que significa, literalmente, voltar-se rispidamente contra. O retroflexor sabe como traçar uma

54   A ABORDAGEM GESTÁLTICA

linha divisória entre ele e o mundo, e a esboça nítida e clara, justamente no meio — mas no meio de si próprio. O *introjetivo faz como os outros gostariam que ele fizesse, o projetivo faz aos outros aquilo que os acusa de lhe fazerem, o homem em confluência patológica não sabe quem está fazendo o que a quem, e o retroflexor faz consigo o que gostaria de fazer aos outros*. Quando uma pessoa *retroflexiona* um comportamento, trata a si mesma como originalmente quis tratar a outras pessoas ou objetos. Para de dirigir suas energias para fora, na tentativa de manipular e provocar mudanças no meio, que satisfaçam suas necessidades; ao invés disso, redirige sua atividade para dentro e se coloca no lugar do *meio* como alvo de comportamento. À medida em que faz isto, cinde sua personalidade em agente e paciente da ação. Torna-se, literalmente, seu pior inimigo.

Obviamente, nenhum ser humano pode ir pela vida dando ampla liberdade a cada um dos seus impulsos. Pelo menos alguns deles têm que ser refreados. Mas resistir deliberadamente a impulsos destrutivos, com o reconhecimento de que são destrutivos, é bastante diferente de voltá-los contra si mesmo. A mãe atormentada, no fim de um dia longo e extenuante, em que a máquina de lavar roupa estragou e rasgou as roupas, em que seu filho de cinco anos rabiscou freneticamente as paredes da sala de visitas com lápis vermelho, em que o homem que deveria consertar o aspirador de pó não apareceu e seu marido veio para o jantar com uma hora de atraso, provavelmente se sente totalmente homicida. Não seria recomendável para ela matar o filho ou o marido, mas seria igualmente insensato que ela cortasse seu próprio pescoço.

Como se apresenta o mecanismo de retroflexão? Como a introjeção se apresenta pelo uso do pronome "eu", quando o significado real é "eles"; como a projeção se apresenta pelo uso dos pronomes "ele", "ela" ou "eles", quando o verdadeiro significado é "eu"; como a confluência se apresenta pelo uso do pronome "nós", quando o significado verdadeiro está em questão, assim a retroflexão se apresenta pelo uso do reflexivo eu mesmo.

O retroflexivo diz :"Estou envergonhado de mim mesmo", ou "Tenho que me forçar a fazer este trabalho". Faz uma série quase interminável de afirmações desse tipo, todas baseadas na surpreendente concepção de que ele e

MECANISMOS NEURÓTICOS 55

ele mesmo são duas pessoas diferentes. O que diz nosso cantor, "Devo me controlar."

A confusão entre o si-mesmo e o outro que jaz sob as neuroses se mostra também na completa confusão sobre o si-mesmo. Para o neurótico o si-mesmo é um anjo ou um demônio — mas o si-mesmo nunca é a própria pessoa. Freud, descrevendo o desenvolvimento da personalidade, contribui para esta confusão. Falou sobre o ego (o "eu"), o id (as pulsões orgânicas) e o superego (a consciência) e descreveu a vida psíquica do indivíduo como um conflito constante entre eles — encerrado num abraço infindável e inquebrável consigo mesmo, o homem luta até a morte. O retroflexivo parece estar agindo de acordo com a imagem freudiana do homem. Mas paremos, por um momento, para considerar o que é realmente o superego. Se ele não é parte do si-mesmo, o "eu", o ego deve, por necessidade, ser um amontoado de introjeções de atitudes não assimiladas e caminhos impostos ao indivíduo pelo meio. Freud fala da introjeção, como parte do processo moral de crescimento; diz, por exemplo, que a criança introjeta as imagens "boas" dos pais e as estabelece com ego-ideais. O ego então também se torna um amontoado de introjeções. Mas vários estudos da personalidade neurótica nos mostram que o problema surge não em relação à identificação infantil com pais "bons", mas em relação à identificação com os pais "maus". De fato, a criança não introjeta as atitudes e éticas dos pais "bons". Ela as assimila. Ela pode não se dar conta em termos complicados e em jargão psiquiátrico do que está fazendo, mas está traduzindo as atitudes que repousam sob o comportamento satisfatório de seus pais em termos que pode entender, reduzindo-os ao menor denominador comum, e então assimilando-os em sua nova forma, uma forma que ela pode usar. Por outro lado não pode fazer o mesmo com as atitudes "más" de seus pais; não tem meios de enfrentá-las, e certamente nenhum desejo inato disso. Assim, ela tem que suportá-las como introjeções indigestas. E é aí que começa o problema. Isto porque agora temos uma personalidade constituída, não de ego e superego, mas de eu e não eu, de si-mesmo e imagem do si-mesmo, uma personalidade tão confusa que se tornou incapaz de distinguir uma da outra.

56   A ABORDAGEM GESTÁLTICA

Na verdade, esta confusão da identificação é, de fato, a neurose. E se ela se apresenta inicialmente pelo uso dos mecanismos de introjeção, ou projeção, ou retroflexão, ou confluência, seu sinal característico é a desintegração da personalidade e a falta de coordenação entre pensamento e ação.

A terapia consiste em retificar as falsas identificações. Se a neurose é o produto de "más" identificações, a saúde é o produto de identificações "boas". Isso deixa em aberto, sem dúvida, a questão de quais são as boas identificações e quais as más. A resposta mais simples e, penso eu, mais satisfatória — baseada na realidade observável — é que "boas" identificações são aquelas que promovem as satisfações e preenchimentos de objetivos do indivíduo e seu meio. E más identificações são aquelas que resultam em esmagamento e frustração do indivíduo, ou em comportamento destrutivo com relação ao meio. Pois o neurótico não apenas se faz um miserável; pune todos os que se preocupam com ele, com seu comportamento autodestrutivo.

Na terapia temos, então, que restabelecer a capacidade do neurótico de discriminar. Temos que ajudá-lo a descobrir o que ele é e o que não é; o que o gratifica e o que o contraria. Temos de guiá-lo para a integração. Temos de auxiliá-lo a encontrar o próprio equilíbrio e o limite entre ele e o resto do mundo. É simples dizer "seja apenas você mesmo", mas para o neurótico, milhares de obstáculos lhe barram o caminho. Compreendendo agora, como compreendemos, os mecanismos através dos quais o neurótico se impede de ser ele mesmo, podemos começar a tentar remover os obstáculos, um por um. Porque isto é o que deveria ocorrer na terapia, e terapia é o que vamos discutir agora.

3   E AQUI TEMOS O NEURÓTICO

E agora vem nosso neurótico — ligado ao passado com modos obsoletos de agir, vago quanto ao presente porque o vê apenas através de óculos escuros, torturado em relação ao futuro porque o presente lhe escapa. Ele entra no consultório, envergonhado ou atrevido, tímido ou arrogante, arrastando os pés ou tentando andar garbosamente. Para ele o terapeuta pode ser um par de ouvidos sem corpo, ou talvez um padrinho mágico que só tem que balançar sua varinha de condão para transformar o diabo num jovem bonito, de boa aparência, esguio, e cheio de dinheiro e charme. Ou talvez suspeite de que o terapeuta seja apenas uma fraude e um charlatão, mas que no desespero de seu problema e no fundo de seu coração deseje proporcionar-lhe uma mudança imediata.

Quaisquer que sejam as fantasias que passem por sua cabeça quando chega, seja qual for sua aparência, o paciente vem para tratamento porque está numa *crise existencial* — isto é, sente que as necessidades psicológicas com as quais se identificou e que lhe eram vitais como o ar que respira não estão sendo satisfeitas por seu modo de vida social. As necessidades psicológicas que assumem esta importância de vida ou morte são muitas e tão variadas quanto os pacientes. Para um, não ficar atrás do vizinho e, se possível, ultrapassá-lo é uma necessidade predominante. Tal pessoa identifica sua existência total com sua existência social e se sua posição social for ameaçada entra em crise existencial. Para outro, ter a dedicação sincera de uma esposa, marido, ou amante é uma necessidade dominante. Se tal pessoa não pode conseguir esse objetivo, ou o perde, uma vez que o tenha adquirido, entra em crise existencial. Para um

58 A Abordagem Gestáltica

neurótico, "autocontrole" é uma necessidade existencial, para outro é a "autoexpressão". Quaisquer que sejam as necessidades existenciais, o fato de vir para terapia é a admissão por parte do paciente de que elas não estão sendo satisfeitas. Ele procura o terapeuta porque espera achar nele o suporte ambiental que suplementará seus meios de apoio inadequados.

Ele pensa que, com a ajuda do terapeuta, será capaz de satisfazer essas necessidades que nem ele nem seu meio podem agora suprir satisfatoriamente. Sente-se como que num poço sem fundo. Isto pode ser porque se propôs uma tarefa impossível. Então, no curso de uma terapia bem-sucedida, seus objetivos se alterarão, suas necessidades existenciais mudarão. Isso pode acontecer porque seu treinamento e experiência não desenvolveram nele autossustentação suficiente para atingir, sozinho, objetivos relativamente simples. A terapia bem-sucedida lhe dará, pois, maior autoafirmação.

Não é tarefa do terapeuta fazer julgamento de valor sobre as necessidades existenciais de seus pacientes. O terapeuta pode não ser particularmente interessado em negócios, mas se seu paciente sente que o sucesso nos negócios é uma necessidade existencial, o terapeuta deve ajudá-lo a adquirir a capacidade suficiente para tornar possível esse objetivo. Não é tarefa do terapeuta reduzir todos os seus pacientes à uniformidade, dando a todos o mesmo conjunto de necessidades existenciais, feitas sob medida para se ajustar a cada um deles, o menos e o mais capacitado. Sua tarefa é facilitar a cada um o desenvolvimento que lhe habilitará a encontrar objetivos que lhe sejam significativos e trabalhar por eles, de um modo maduro. Pois, no momento em que começa a terapia, o paciente não pode fazer estas coisas por si só.

Sua homeostase não está funcionando bem; ele se debate, se precipita e, como Alice, tem que voar como o vento para permanecer onde está. Mas está trabalhando o suficiente para que o desequilíbrio produza uma necessidade de corrigi-lo, e esta necessidade é sentida como uma *catexis positiva* do terapeuta.

Bem, que necessita o paciente de nós? Um muro de lamentações, um ombro sobre o qual chorar? Um aliado para condenar sua esposa ou seu chefe, um ouvinte paciente, alguém para puni-lo de seus pecados ou, se ele já

E Aqui Temos o Neurótico

se puniu bastante, para perdoá-lo e redimi-lo? Necessita reafirmação, uma injeção de confiança? Será que sonha em adquirir poderes mágicos ao submeter-se a uma milagrosa cura sem dor? Quer o reforço do seu autocontrole, um aumento de sua potência sexual, um caminho mais curto para a felicidade? Quer aceitação ou amor, um amparo para sua falta de autoestima, uma libertação da monotonia da vida, resgate da solidão intolerável, aumento de sua memória? Será que quer significados e interpretações, esperando que eles lhe tragam a compreensão de si próprio? Ou quer a confirmação do seu sentimento de que é uma pessoa tão doente que não pode lutar sozinho pela vida?

Seja o que for, ele não pode conseguir por si só, nem por intermédio do seu meio ambiente. De outro modo, não teria recorrido — ao terapeuta. Mas certamente já tentou conseguir o apoio de que necessita, e certamente foi parcialmente bem-sucedido. Se tivesse falhado completamente, estaria louco ou morto. No entanto, uma vez que não foi bem-sucedido, vem até nós frustrado e sem ter adquirido uma satisfação completa.

Não chega, porém, de mãos vazias. Traz consigo seus meios de *manipulação*, seus meios de mobilizar e usar o meio para que faça a tarefa que lhe compete. E não nos iludamos pensando que estas técnicas manipulatórias não são inteligentes. O neurótico não é um bobo. Tem que ser bastante astuto para sobreviver, uma vez que lhe está faltando, em alto grau, uma das qualidades essenciais que promovem a sobrevivência: a autoconfiança. Ele tem, literalmente, uma desvantagem, e é necessária uma habilidade considerável para nos entendermos com ele. Infelizmente, no entanto, todas as suas manobras são dirigidas para minimizar os efeitos de sua desvantagem ao invés de superá-los. As manobras podem ter sido deliberadas numa determinada época e agora serem tão habituais que o neurótico não mais tem consciência delas, mas nem por isso deixam de ser manobras e inteligentes. Reconhecemos a astúcia da *platinum blonde* que adula um velhote para obter diamantes e peles. A mulher lamuriosa e dependente, que exige atenção do marido, dos filhos e até dos conhecidos não é menos astuta. Reconhecemos a sagacidade do político que não tem consideração com o adversário. O neurótico dessensibilizado, que está cego e surdo para o que não quer saber, é igualmente hábil. O

60 A Abordagem Gestáltica

problema do neurótico não é que não possa manipular, mas sim que suas manipulações são mais dirigidas para preservar e nutrir sua desvantagem do que para se livrar dela. Se aprender a aplicar essa inteligência e energia em se tornar mais autoconfiante, como faz para seu meio apoiá-lo, então terá sucesso.

Pois sua capacidade de manipular é o seu lucro, seu ponto forte, como a falta de capacidade para enfrentar sua crise existencial é seu ponto fraco. E é a partir dos pontos fortes que podemos começar a construir. Quando o paciente perceber que está manipulando seu meio de um modo que, não obstante quão complicado seja, é auto-defensivo, e quando tiver consciência das próprias técnicas manipulatórias, estará apto a fazer mudanças.

Seus *meios de manipulação* são vários. Ele pode falar, frequentemente, nos afogando em palavras. Pode se zangar e entrar em greve. Pode prometer e tomar resoluções; pode quebrar promessas e resoluções. Pode ser subserviente e pode sabotar. Pode escutar as mais finas nuances; pode fingir-se de surdo. Pode lembrar ou esquecer, de acordo com a situação. Pode vedar-nos os olhos e levar-nos ao paraíso. Pode mentir e pode ser compulsivamente honesto. Pode nos comover até as lágrimas com sua miséria, ou pode tolerar seu destino, com firmeza. Pode nos hipnotizar com sua voz monótona ou nos irritar com seus guinchos. Pode adular nossa vaidade ou ferir nosso orgulho. Pode, enquanto se omite, nos trazer seus "problemas", elegantemente embrulhados no seu jargão psicológico, esperando que nós o desembrulhemos e lhe expliquemos o conteúdo do pacote, para sua satisfação. Se o terapeuta tem tendência a intelectualizar, o paciente vai argumentar até o dia do juízo final; se está procurando um trauma da infância, o paciente o ajudará com exemplos verdadeiros ou inventados. Se o terapeuta é entusiasta da transferência, o paciente fará de todos seu papai e sua mamãe, salpicados com uns poucos irmãos com quem competir e tornar a coisa mais interessante.

Acima de tudo, ele manobra com dissociações e perguntas. Se lhe mostramos que não produz qualquer associação importante, ele nos acusa de falta de fé, porque o que disse foi o que lhe veio à mente. Mas estará mesmo tão inconsciente de suas interrupções e de evitar o relevante? Com relação a suas perguntas, suas funções são inumerá-

E Aqui Temos o Neurótico 61

veis. Mascaradas de um apelo a nossa onisciência, elas têm a finalidade de arrancar-nos informações que são esquecidas no minuto seguinte; nos testam, pretendem nos pôr em ridículo e pegar-nos desprevenidos — são as principais ferramentas do paciente para não enfrentar seus problemas. Como tais, são indicações muito valiosas das áreas de sua confusão e, adequadamente manipuladas, nos proporcionam um excelente instrumento para enfrentá-las.

Mas o que dizer da catexis negativa, do medo do paciente de que a terapia, ao invés de ajudá-lo, o mergulhará ainda mais profundamente numa terra de ninguém, e lhe dará uma rasteira? Isso está tremendamente ligado ao fenômeno da transferência. No entanto tal semelhança não deve nos enganar. Não devemos cair na armadilha de acreditar que as resistências são más e que o paciente ficaria melhor sem elas. Pelo contrário, as resistências são tão valiosas para nós quanto foram para os Aliados os movimentos da resistência durante a Segunda Guerra Mundial. Otto Rank muito adequadamente chamava a resistência de vontade negativa. Se o terapeuta desaprova as resistências, faria melhor desistir. Não importa se ele manifesta sua desaprovação abertamente ou não; a intuição do paciente raramente é embotada a ponto de não senti-la. O neurótico, como todo mundo, está ajustado para viver manipulando seu meio. Porque usualmente vê o meio como hostil, é frequentemente muito sensível e está pronto para ultrapassar seu adversário em conjecturas, sentimentos e perspicácia. Penetra facilmente na máscara dos analistas ortodoxos que, com receio de uma contratransferência, se desemocionalizam. Fugindo a qualquer contato, mortos como dinossauros, os analistas se apresentam ao paciente com fisionomias impassíveis. De qualquer modo, o paciente não pensa em sua resistência como resistência; geralmente a vivencia como ajuda. Quer ajudar.

Pois o que ele receia é a rejeição, a não aprovação e, finalmente, a alta por parte do terapeuta (os mais audazes sem dúvida não permitem que isso apareça). Assim, o paciente manipula o terapeuta adotando a aparência de bom menino. Tenta subornar o terapeuta com submissão e pseudoaceitação de sua sabedoria e de suas solicitações. Ao mesmo tempo, pode ter uma autoestima muito precária, poderá ser muito sensível à crítica real ou imaginária. Assim, fica tenso toda vez que o terapeuta fala com ele.

62   A Abordagem Gestáltica

O paciente sofreu muito para construir um autoconceito. Este autoconceito é bem conhecido em psiquiatria
sob nomes tais como formação reativa, autossistema, ideal do ego, persona e outros mais. Trata-se frequentemente
de um conceito completamente errôneo de si próprio, em
que cada característica representa exatamente o oposto
de sua realidade. Este autoconceito não pode dar ao paciente qualquer tipo de apoio; ao contrário, se ocupa em
resmungar, se desaprovar, esmagando toda autoexpressão genuína. Não apenas se exaure nesta luta de Sísifo,
como tampem necessita do constante apoio ambiental de
aprovação e aceitação. Projetou seu próprio poder de discriminação, isto é, sua capacidade de aceitar ou rejeitar,
de tal forma que qualquer pancadinha nas costas, seja de
onde vier, é bem-vinda. Também perde sua capacidade de
aceitar genuinamente, de modo que nenhum elogio é assimilado, e permanece avarento e insatisfeito com qualquer afeição que receba.

Este é um exemplo marcante de como, ao faltar o
apoio fornecido pela autoestima, o resultado é uma necessidade constante de apoio externo: a necessidade de
ser estimado pelos outros. E porque este apoio ambiental procurado para o autoconceito nunca pode contribuir
para o crescimento do si-mesmo, *o homem se transcende
somente através da sua verdadeira natureza, não através
da ambição e de objetivos artificiais.* Estes levam, no máximo, ao orgulho e à vaidade.

A verdadeira natureza do homem, como a verdadeira
natureza de qualquer outro animal, é a integridade. Somente numa integração de espontaneidade e propósito
pode ele fazer uma escolha existencial eficiente. Pois ambas, espontaneidade e deliberação, fazem parte da natureza do homem. O se dar conta e se responsabilizar pelo
campo total, pelo si-mesmo tanto quanto pelo outro, dão
significado e configuração à vida do indivíduo.

Já se escreveu tanto sobre a superestrutura da autoestima, com os nomes de compensação, complexos de su-
perioridade e inferioridade etc., que ela se tornou um dos
fenômenos mais completamente examinados da psiquiatria. Mesmo os leigos falam da sua "segunda natureza".
Apesar de toda discussão sobre a autoestima e sua superestrutura, a terapia só raramente consegue uma verdadeira penetração no si-mesmo. Na minha opinião isto

E Aqui Temos o Neurótico 63

ocorre porque na maior parte das formas de terapias não se dá atenção suficiente à camada de confusão que separa o si-mesmo da autoestima. Uma vez que a confusão é extremamente desagradável, funciona como um poderoso impedimento e o paciente mobiliza todos os meios a sua disposição para evitar ver claramente suas áreas de confusão. A este respeito se comporta de modo bastante diferente de Sócrates, que admitia livremente suas confusões intelectuais e existenciais e que dedicou sua vida a desenvolver uma técnica de "desconfusão".

A confusão é um problema de orientação inadequada, e a confusão não reconhecida é uma das características da neurose. Qualquer ação baseada em confusão mostrará embaraços, fraqueza e distúrbios de todos os tipos. Quando estamos confusos e não o sabemos não temos liberdade de escolha, lidamos com nossas experiências como se certas técnicas específicas de manipulação fossem necessidades absolutas. A psiquiatria dedicou muita atenção à confusão da ambivalência, onde o paciente sente que deveria amar ou odiar, que ele é bom ou mau. Nós temos simplesmente que substituir o "ou/ou" por "tanto isto como aquilo", e estamos dessa forma dirigindo as catexis positivas e negativas, dependendo do contexto em que ocorram. Podemos amar um momento e nos sentir bem, odiar o seguinte e nos sentir mal, dependendo das satisfações e frustrações envolvidas na situação. A ambivalência pressupõe que existem estados permanentes de satisfação ou frustração. Trata-se, novamente, de um *conceito estático* como se nossas emoções pudessem ser petrificadas no tempo ou como se nós mesmos pudéssemos ser petrificados no tempo.

Na terapia, se o apoio ambiental que o paciente espera de nós não estiver aparecendo, se não lhe damos as respostas a que ele se julga com direito, se não apreciarmos suas boas intenções, admirarmos seu conhecimento psicológico, se não nos congratularmos com ele devido a seus progressos, receberemos a catexis negativa de sua frustração. Mas a terapia gestáltica também lhe dá constantemente muito do que quer — atenção, atenção exclusiva — e não o censuramos por suas resistências. Deste modo, a terapia começa com um certo equilíbrio entre frustração e satisfação.

O campo para a operação terapêutica está agora estabelecido. O que faremos com nosso paciente? Esperar que

64 A ABORDAGEM GESTÁLTICA

ele se deite no divã, feche os olhos e associe livremente? Pedir-lhe que discorra sobre suas lembranças da fase edipiana, suas relações interpessoais, sua couraça de caráter? Preocupa-nos seu passado ou seu presente, sua capacidade de mudar rapidamente de assunto para assunto, num esvoaçar de ideias, ou de se concentrar arduamente num qualquer, mesmo que por um breve espaço de tempo? Estamos lidando com sua mente ou com seu corpo? Devemos nos preocupar com a razão pela qual ele se censura e interrompe a si mesmo e a suas expressões, e como o faz? Devemos lidar com as profundezas subterrâneas de sua personalidade ou com sua superfície? Devemos depender de suas palavras ou de suas ações? Tratamos de seus sintomas físicos em termos psicológicos ou de seus sintomas psicológicos em termos físicos? Devemos observá-lo ou interpretá-lo? Ele deve aprender através de sua própria experiência ou vamos fazer-lhe preleções depois que ele nos oferece material para nossa dissertação?

As técnicas das terapias convencionais se baseiam na teoria de o que falta ao paciente é a compreensão aos porquês de seu comportamento, e que estes porquês podem ser descobertos se penetramos o suficiente em seu passado, em seus sonhos, em seu inconsciente. Dependendo da filiação do terapeuta, estes porquês podem ser atribuídos a um ou mais fatores combinados ou não. Freud, por exemplo, fez certas observações que conduzem à teoria do complexo de Édipo como a principal fonte de problemas; Reich falou em termos da couraça de caráter e da necessidade de potência orgástica; Sullivan em termos de autoestima e relacionamento interpessoal; Salter em termos de necessidade de autoexpressão; Adler em termos de complexo de inferioridade etc.

Cada uma dessas contribuições é válida, mas todas elas falham no ponto básico, porque ainda estão limitadas por um enfoque que não vê o campo organismo/meio como um todo. Todas são abstrações do processo total.

Os sullivanianos são os que mais consideram o papel do campo em si, mas mesmo a ênfase que dão é distorcida pelo dualismo básico do conceito. Nosso enfoque, que vê o ser humano simultaneamente e, por natureza, como um indivíduo e um membro do grupo, nos dá uma base de operações mais ampla. Deixem-me repetir nossa exposição: uma neurose é um estado de desequilíbrio no indiví-

E Aqui Temos o Neurótico

duo, que surge quando ele e o grupo do qual é membro vivenciam, simultaneamente, necessidades distintas, e o indivíduo não sabe dizer qual é a dominante. Se este tipo de vivência é muito repetido, ou se uma única vivência desta espécie é suficientemente marcante, o sentido de equilíbrio do indivíduo no campo ficará alterado o bastante para que perca a capacidade de julgar adequadamente o estado de equilíbrio ou desequilíbrio em qualquer situação. Ele responderá, então, às situações de um modo neurótico que não tem conexão intrínseca com a vivência ou vivências em que surgiu, inicialmente, o desequilíbrio. A maneira do neurótico enfrentar as situações é interrompendo a si mesmo; o criminoso interrompe o ambiente.

Nossa definição mais ampla não nos leva a procurar uma única causa para o comportamento neurótico. Consequentemente, rejeitamos como respostas definitivas quaisquer das constelações específicas que propõem as outras escolas.

Na terapia tradicional, a suposição é que, pela evocação e interpretação dos fatos do passado, o terapeuta e o paciente podem juntos localizar no paciente os efeitos de suas vivências e, uma vez feito isto, o paciente não mais será perturbado por seus problemas. Ele aprenderá a conviver com eles ou a resolvê-los.

Estas suposições não nos parecem válidas por várias razões. Em primeiro lugar uma terapia baseada em qualquer hipótese de um único conjunto de simples "causas" concentra-se naqueles aspectos da personalidade relacionados com essas "causas" e fica cega para todos os outros fatores. Sua própria orientação é tão limitada quanto a do paciente. Pode aumentar sua capacidade de se movimentar dentro das limitações impostas, por sua neurose e pela teoria, mas não aumenta áreas maiores da percepção. Em outras palavras, é como se ambos, terapeuta e paciente, estivessem usando antolhos, com lentes de aumento presas a eles. A visão do que está à frente pode ser aguçada, mas não veem nada do que ocorre nos lados. E a ênfase posta no isto ou aquilo, ou no "mental" ou no "físico" — como a maior parte das escolas que lidam com fatores mentais e a reichiana, que lida com fatores físicos -, limita a mobilidade desenvolvida no paciente no campo limitado e limita a habilidade do terapeuta para manipulá-la.

66   A Abordagem Gestáltica

Por outro lado, a abordagem unitária da Gestalt torna possível aumentar a amplitude de orientação e aperfeiçoar os meios de manobras terapêuticas. Acreditamos que qualquer situação ou situações — agudas ou crônicas — que o indivíduo aprendeu a manipular por um processo insatisfatório de autointerrupção pode estar por trás da neurose. Não podemos estabelecer qualquer "causa" única. Acreditamos, ainda, que a cisão "mental-físico" ou "mente-corpo" é totalmente artificial e que nos concentrarmos em qualquer dos termos desta falsa dicotomia é preservar a neurose e não curá-la.

Postos em nossos termos, a fantasia é a realidade diminuída e o pensamento é ação reduzida, de modo que podemos usar o fantasiar de modo terapêutico, na medida em que é relacionado com a ação, e podemos usar a atuação de modo terapêutico, enquanto relacionada com o fantasiar. Nossos pacientes frequentemente usam a fantasia de maneira prejudicial, como um meio alternativo de satisfazer as necessidades reais; podemos ensiná-los a usá-la terapeuticamente para descobrir e satisfazer as necessidades reais.

Uma segunda razão pela qual sentimos que não é válida uma terapia orientada para o passado é porque os porquês da neurose do paciente na realidade explicam muito pouco. Por que uma situação produz neurose no sr. A., enquanto a mesma situação deixa intacto o sr. B.? Por que a situação surgiu em primeiro lugar? E por que existiram circunstâncias que a criaram? O "por que" inicia uma série interminável de perguntas que só podem ser respondidas por uma causa primeira, que é autocausadora. Se um homem é neurótico "porque" a mãe morreu de parto e ele foi criado por uma tia solteirona e rígida, que não lhe deu chance de fazer nada do que queria, e isto o forçou a reprimir certos desejos, como poderá uma explicação destas, que faz da tia o vilão da peça, resolver seu problema? Pelo contrário, tal explicação só dá ao paciente licença para projetar todas as suas dificuldades na tia. Dá-lhe um bode expiatório, não uma resposta. E este tipo de escapismo é o resultado frequente de muitas teorias ortodoxas.

Mas há uma valiosa chave para a terapia no relato dos fatos deste caso e é ligada ao próximo assunto. Se a tia não o deixasse fazer as coisas que ele queria, sua infância

E AQUI TEMOS O NEURÓTICO   67

seria uma série constante de interrupções: tanto do exterior, a tia, quanto do interior, ele mesmo. Se nosso paciente aprende o *como* de suas interrupções — passadas e presentes —, se ele realmente chega a vivenciar o seu processo de autointerrupção e sente os modos pelos quais está fazendo isto, pode superar suas interrupções, atingindo seu si-mesmo real e as atividades que quer levar a termo.

Se a terapia for bem-sucedida, deixará o paciente autossuficiente, não mais à mercê de forças de interrupção que ele não pode controlar. Além disso, os problemas não são causados apenas pelo que reprimimos, mas pelas coisas dentro de nós, que nossas próprias interrupções nos impediram de aprender. Muitas das dificuldades do neurótico estão relacionadas com sua incapacidade de perceber, com seus pontos cegos, com as coisas e relacionamentos que ele simplesmente não sente. Por isso, mais do que falar do inconsciente, preferimos falar do *não percebido-neste-momento*. Esta expressão é muito mais abrangente e vasta que o termo "inconsciente". Esta não percepção contém não apenas material reprimido, mas também material que nunca alcançou o estado de percepção, e material que se esvaiu, que foi assimilado ou se incorporou em Gestalts mais amplas. O não percebido inclui habilidades, modelos de comportamento, hábitos motores e verbais, pontos cegos etc.

Assim como a consciência é, por natureza, puramente mental, também o é o inconsciente. Mas o percebido e o não percebido não são puramente mentais. Nos termos de nossa definição, tanto o percebido quanto o não percebido parecem ser uma propriedade do protoplasma, do qual se compõem os seres vivos. Num ser tão complexo como o homem as áreas do não percebido são bastante amplas. Não nos damos conta de nossos processos vegetativos, das forças que nos impelem a respirar, comer e defecar. Não nos damos conta dos muitos processos do crescimento. Mas assim como são amplas as áreas do não percebido, são também amplas as áreas do percebido; incluem não só as atividades explicitamente sensoriais e motoras, mas também muitas das atividades nebulosas que descrevemos como mentais.

Uma escola de psicoterapia que tem uma abordagem unitária em relação ao organismo unitário, o homem, não pode se preocupar apenas com material mental, reprimi-

68   A ABORDAGEM GESTÁLTICA

do ou expressado. Deve se preocupar com o modelo total de comportamento e tentar fazer com que o paciente perceba tudo o que for necessário à saúde, dentro desse modelo total. Portanto, em oposição às escolas ortodoxas, que põem em evidência o que o paciente não sabe de si próprio, nós procuramos enfatizar o que ele sabe de fato — as suas áreas de percepção mais do que as de que não se dá conta. Nossa esperança é aumentar progressivamente sua percepção de si mesmo, em todos os níveis.

Talvez o significado dessa diferença de enfoque possa ser visto melhor numa discussão do que se tornou, nos últimos anos, um dos termos mais em moda na psiquiatria e em conversas de coquetéis: o psicossomático. O que é uma manifestação psicossomática? Se mantivermos a velha cisão corpo-mente, à qual é tão relacionado o conceito altamente limitado de inconsciente, poderemos descrevê-la ou como uma perturbação somática relacionada a um fato psíquico ou como uma perturbação psíquica causada por um fato somático. Mas com nosso ponto de vista unitário não precisamos cair na armadilha da causalidade. Descrevemos um evento psicossomático como aquele em que as alterações físicas flagrantes são mais marcantes do que as que ocorrem num nível mental ou emocional. As leis de apoio, contato e interrupção se aplicam a cada nível; é impossível fazer uma demarcação entre manifestações psicossomáticas e doenças psicossomáticas. O esquecimento, por exemplo, é uma manifestação psicossomática, mas duvido que o médico mais consciente da fusão mente-corpo atribuísse esse sintoma a aspectos do corpo. Por outro lado, há muitos exemplos de manifestações psicossomáticas graves, tais como úlceras, asma e colite, que exigem o apoio de drogas e cuidados médicos.

Falemos um pouco sobre uma das manifestações psicossomáticas clássicas, a dor de cabeça. As dores de cabeça são usadas como desculpas para fugas em milhares de casos na vida cotidiana. Mas, exceto no caso do mentiroso crônico, a dor de cabeça não é apenas uma desculpa. Supõe-se que haja, em cada caso, uma experiência física genuína, uma linguagem corporal que diz "esta situação me dá uma dor de cabeça", ou "você me põe doente". A dor de cabeça é parte da interrupção completa do mecanismo de contato. Cada parcela de excitação que o organismo cria em qualquer momento dado deveria habilitá-lo a lidar

E Aqui Temos o Neurótico   69

com a situação real, pela transformação da excitação em emoção e ação pertinente. Mas, se a excitação for dirigida contra o si-mesmo, uma função de apoio é transformada numa inibição e, assim, compelida a criar uma manifestação psícossomática, ou até um sintoma. Nós tentamos lidar com a totalidade da experiência da dor de cabeça, não nos livramos dela considerando-a um sintoma trivial, nem nos desembaraçamos dela permanentemente com remédios. Cremos que tal manifestação psicossomática merece atenção em psicoterapia. Nem, como veremos adiante, recorreremos a interpretações das "motivações inconscientes" ao paciente para lidarmos com ela.

Para o terapeuta ortodoxo, a transferência é a explicação do processo terapêutico. Segundo Freud, o neurótico transfere para o terapeuta uma série de respostas emocionais e atitudes que usava no trato com pessoa ou pessoas do passado. Assim, na transferência, o paciente está atuando de forma ilusória; o que ele acredita que é um contato pessoal com o terapeuta é, na realidade, um evento intrapessoal de sua própria criação. Não é *contato*, mas algo que impede o contato. Pois o contato envolve a avaliação ao que o outro é de fato, não do que se pretende que ele seja (ou represente).

Esta explanação, apesar de seu grande valor, ainda não explica completamente os sentimentos que o paciente em geral desenvolve em relação ao terapeuta ao longo do tratamento. Devemos supor que estes sentimentos não sejam verdadeiros? Que tudo que o paciente sente é irreal? Somente tendo sentido através de sua história? Não há ser ou vir-a-ser?

Se seguirmos o conceito de catexis, que se originou com Freud, e o aplicamos à situação de transferência, chegamos a uma conclusão diretamente oposta à sua. O que é ativo na terapia não é o que *foi;* ao contrário, é algo que *não foi* — um déficit ou algo que faltou. O que foi é uma situação acabada. Ela progride pela satisfação e integração, na formação do si-mesmo. A situação inacabada, que é o fracasso do desenvolvimento do ambiental para o autossuporte, é a herança do passado que permanece no presente.

Em outras palavras, afirmamos que a transferência, com suas relações de sentimento real, acrescidas das esperanças fantasiadas do paciente, mais o apoio esperado (que o paciente tem como certo) se originam de sua "falta

70 A Abordagem Gestáltica

de ser", e não do que foi e ficou olvidado. Nossa história é o fundo* para nossa existência, não é uma acumulação de fatos, e sim o registro de como nos tornamos o que somos. Somente as perturbações do fundo que interferem no sustento de nossas vidas se sobressaem e tendem a se tornar figura para que possam ser tratadas. Então elas podem deixar de ser deficiências (Gestalts incompletas) e se tornar funções de apoio.

No início da terapia, poucos pacientes pedirão muito apoio do terapeuta. Eles estão prontos para explodir, se lhes dermos uma única oportunidade. Mas sua falta de ser aparece cada vez mais, à medida que progride a terapia, e o paciente começa com pedidos e manipulações. O terapeuta recebe mais e mais catexis, positivas e negativas, enquanto simboliza mais e mais as carências do paciente.

O que significa isto nas técnicas de terapia? Tomemos o caso de um paciente, cuja transferência um terapeuta ortodoxo descreveria como muito forte e a quem eu descreveria como sentindo que o terapeuta representa toda sua falta de ser. Tal paciente mostra frequentemente o seguinte padrão: quer se tornar um terapeuta, costuma usar o jargão psiquiátrico, assume os modos e estilo do terapeuta. Se o terapeuta trabalha nos termos da definição clássica de transferência, ele procurará os antecedentes históricos para esta ação, pela pessoa no passado do paciente a quem ele exibiu este mesmo tipo de comportamento de introjeção. Ele procurará a *essência* e, encontrando-a, esperará que o paciente, eventualmente, aprenda a diferenciar-se do outro introjetado, que pode ser seu pai ou sua mãe. Nós, por outro lado, olharemos mais para o *processo* que para a essência. Porque o processo é ativo hoje, como o era no passado. Concentrar-nos-emos no fato de que, como um introjetivo, ele procura atalhos, tem preguiça de assimilar o mundo, e isto interfere em seu crescimento e autorrealização. Pois enquanto o paciente for uma acumulação de introjeções, ele não é ele e não pode aguentar a si mesmo. Enquanto persiste no modelo de introjetar, lhe faltará apoio. Se a introjeção é sua técnica principal de ir de encontro ao mundo, mesmo que sejamos bem-sucedidos ao exorcizar uma ou duas introjeções

---

* Fundo aí como o oposto à figura, no jogo de figura e fundo, conceito característico da teoria gestáltica — Ver Lewin, K., Kohler etc. (N.T.)

E Aqui Temos o Neurótico   71

— papai e mamãe, por exemplo — ele continuará acumulando outros. Assim, devemos nos concentrar em fazê-lo ver como ele engole tudo cru, como, consistentemente, interrompe o processo de desestruturação e assimilação. Através de uma abordagem unitária podemos manipular este problema em ambos os níveis, fantasia e realidade. Como assinalei anteriormente, se o organismo engole algo que não pode assimilar, normalmente vai vomitar a substância indigerível. O lado emocional deste vomitar é chamado repugnância. Erigindo um tipo de barreira interior contra a repugnância, ele deixa de senti-la. Como constrói tal barreira? Ou o paciente se dessensibiliza ou evita a experiência por um elaborado sistema de perfeccionismo. O introjetivo tem que aprender o que é a experiência de repugnância, pois é através de interromper esta experiência que continua a "engolir" outras. Se pudermos ajudá-lo a se dar conta de sua repugnância e a ver que é devida ao engolir inteiros conselhos ou valores de outros, o caminho estará limpo para que ele se alivie de sua repugnância e crie, ele mesmo, suas próprias decisões, papéis e outras potencialidades.

Isto não quer dizer que não é igualmente importante para ele aprender que o terapeuta não é papai ou mamãe ou, em geral, qual a diferença entre ele e as outras pessoas. Mas isto ele aprende quando percebe que introjeta e *como* introjeta. À medida que aprende isto, também aprende que suas introjeções não são seu si-mesmo autêntico.

O apoio completo para o *self* — que ultrapassa a necessidade de apoio ambiental — só pode advir do uso criativo das energias que são investidas nos bloqueios impeditivos à autoconfiança. Em vez de permitir que nossos pacientes se vejam passivamente, transferindo-se desde o passado, temos que introduzir a mentalidade da responsabilidade, que diz: "Estou me impedindo... ", "Como me impeço?" e "De que me impeço?"

Se o terapeuta dá ao paciente apoio ambiental — em outras palavras, apoia sua necessidade transferencial — está sendo apenas um joguete nas mãos da neurose do paciente. Mas se, por outro lado, torna possível ao paciente assimilar o bloqueio e o material bloqueado, identificando-se com ele e diferenciando-o dele, facilita o desenvolvimento do paciente.

72 A Abordagem Gestáltica

Devemos usar a mesma abordagem quanto ao sonho, que é uma parcela fascinante da criação humana, que proporciona tanto ao paciente quanto ao terapeuta, na análise ortodoxa, centenas de horas de conversas saborosas. Freud descreveu o sonho como uma realização de desejo, supôs que, indo e vindo entre os conteúdos do sonho e suas associações, seu significado se tornaria claro. Pois embora saibamos que os sonhos são criação de nós mesmos, geralmente eles não se apresentam a nós com um significado; parecem vir de um estranho mundo próprio.

Mas uma explicação de sonho como uma realização de desejo e sua redução a uma série de símbolos verbais imperfeitos parece ir de encontro à essência mesma da existência do sonho. Tomemos, por exemplo, o pesadelo. É verdade que se o reduzir a uma série de pedaços estáticos você pode isolar o desejo oculto entre os terrores. Ou pode se aproximar da argumentação freudiana de que o sonho todo é uma realização de desejo, chamando-o ao invés de interrupção de um desejo. Mas vê-se logo que é absurdo chamar o pesadelo inteiro de realização de desejo.

Em vez disso, o sonho parece ser (e isto se aplica também aos pesadelos) mais uma tentativa de achar saída para um aparente paradoxo: o sonho é uma criação artística em que duas forças aparentemente incompatíveis são postas uma contra a outra. No pesadelo, o paradoxo não está integrado; na vida cotidiana do neurótico seus paradoxos também permanecem não integrados. Harry Stack Sullivan mostrou que se pudéssemos resolver nossos problemas durante o dia não precisaríamos sonhar à noite.

Para apreender o sentido do sonho, é melhor não interpretá-lo. Em vez de especular sobre ele, pedimos a nossos pacientes que o vivam mais extensiva e intensivamente, para descobrir o paradoxo. Numa análise ortodoxa, através da associação, o paciente amplia seu sonho. A partir de uma pequenina passagem descritiva de seu sonho, Freud escrevia páginas e páginas de associações e interpretações. Mas para intensificar o sonho — para tentar revivê-lo — o paciente deve estar aberto a muito mais que interpretações puramente verbais e ao que vem a sua mente; tem que admitir sensações, emoções, bem como gestos. Ele só pode interpretar o sonho e chegar a uma solução de paradoxo pela reidentificação, particularmente com os aspectos perturbadores do sonho.

E Aqui Temos o Neurótico
73

A maior parte das escolas psiquiátricas está de acordo que o sonho é uma projeção, em que todos os personagens e objetos que aparecem são na realidade a pessoa do sonhador, e que a ação do sonho é quase sempre uma tentativa de resolver o paradoxo, não assumindo a responsabilidade por nossas próprias esperanças e desejos. O sonho de que o inimigo de uma pessoa é assassinado por outra é um perfeito exemplo disso.

Darei dois exemplos específicos de como trabalhamos com sonhos. Em ambos os casos o leitor notará que nós pedimos ao paciente para se identificar com todas as partes de seu sonho, e tentar se dar conta do paradoxo que representa e resolvê-lo.

No primeiro caso, uma jovem paciente apresentou este sonho: "Estou subindo as escadas com um pacote nos braços". Suas fantasias, enquanto se identificava com os diferentes objetos do sonho, eram: "Se eu sou a escada, alguém está me usando para chegar lá em cima. É, sem dúvida, meu marido, que é ambicioso e agora está estudando. Ele depende financeiramente de mim. Se eu sou o pacote, então ele tem que me carregar. Isto também é verdade. Ele tem que me levar até as alturas intelectuais que vai atingir." Aqui vemos o que, para a paciente, parece ser o paradoxo de sua situação de vida: está carregando um peso e ao mesmo tempo ela é o peso.

No caso seguinte, tentamos trabalhar, na sessão terapêutica, uma solução para o paradoxo envolvido no sonho. Um paciente apresentou um sonho, em que via um homem dando descarga num lixo que havia entupido o vaso sanitário. Ele puxava várias vezes a descarga e, finalmente, todo o vaso sanitário entrava pelo chão adentro. Há, aqui, lugar para muita interpretação; a ação se encaixava bem em toda a atitude do paciente em relação ao desagradável. Em vez de interpretar para ele o sonho, pedi-lhe que me dissesse o que faria ao invés de puxar a descarga, se fosse o homem do sonho. Ele respondeu que poderia ter pego um gancho e extraído o que estivesse entupindo o vaso. Então, fantasiando isto, ele expôs todo o material desagradável a seu ver. Imediatamente após, sentiu uma contração em sua garganta, que correspondia à passagem do vaso sanitário. Contraindo sua garganta, ele se impedia de vomitar, de trazer à tona material desagradável. Através do conteúdo onírico, seu comportamento e o sintoma psicossomático se tornaram integra-

74 A ABORDAGEM GESTÁLTICA

dos. O paradoxo subjacente — paradoxo do introjetivo, que engole material que lhe é desagradável e deveria ser censurado por seu paladar — não poderia ser resolvido naquela sessão. Trabalhamos um pouco nisto, mas aí o paciente teve um branco, um ponto cego. Seu paladar estava completamente dessensibilizado.

Pelo que foi dito anteriormente, o leitor pode ver algumas das diferenças significativas entre a terapia gestáltica e as técnicas mais convencionais. Mas penso que as diferenças mais importantes não foram ainda discutidas explicitamente.

4 TERAPIA AQUI E AGORA

Está implícito na terapia ortodoxa o ponto de vista de que o neurótico é uma pessoa que tinha um problema e que a resolução deste problema é o objetivo da psicoterapia. Toda a abordagem do tratamento através da memória e do passado indica esta hipótese, que vai de encontro a tudo que observamos sobre a neurose e o neurótico. Do ponto de vista da Gestalt o neurótico não é meramente uma pessoa que *teve* um problema, é uma pessoa que tem um problema *contínuo,* aqui e agora, no presente. Não podemos progredir no presente, e a menos que ele aprenda como lidar com os problemas, à medida que eles surgem, não será capaz de progredir no futuro.

O objetivo da terapia, então, deve ser lhe dar meios para que possa resolver seus problemas atuais e qualquer outro problema que surja amanhã ou no próximo ano. Este instrumento é a autoestima e ele a adquire lidando consigo e com seus problemas, com todos os recursos de que dispõe no momento. Se a cada momento puder verdadeiramente perceber-se a si próprio e a suas ações seja em que nível — fantasia, verbal ou físico — pode ver como está provocando suas dificuldades, pode ver quais são suas dificuldades presentes e pode ajudar-se a si próprio a resolvê-las no presente, no aqui-agora. Cada resolução toma mais fácil a próxima porque cada uma delas aumenta sua autossuficiência.

Se a terapia for bem-sucedida, o paciente terá, inevitavelmente, cuidado de seus problemas passados não resolvidos até o fim, porque estes finais são capazes de causar problemas na atualidade e, portanto, de surgir no curso da sessão terapêutica, disfarçados de modos dife-

76 A ABORDAGEM GESTÁLTICA

rentes — dissociações, hábitos nervosos, fantasias etc. Mas estes restinhos do passado são também problemas atuais, que impedem a participação do paciente no presente. O neurótico é, numa definição aceita, uma pessoa cujas dificuldades tornam infeliz sua vida atual. Além disso, segundo nossa definição, é uma pessoa que se engaja, cronicamente, em se autointerromper, que tem um sentido de identidade inadequado (e, portanto, não pode distinguir adequadamente entre si-mesmo e o resto do mundo), que tem meios inadequados de autossuficiência, cuja homeostase psicológica não funciona, e cujo comportamento surge de esforços mal dirigidos para a aquisição de equilíbrio.

Dentro deste panorama geral, podemos ver o que deve ser feito. O neurótico acha difícil participar completamente do presente — seus negócios inacabados do passado estão em seu caminho. Seus problemas existem no aqui e agora — e todavia muito frequentemente só parte dele está aqui para lidar com eles. Através da terapia, deve aprender a viver no presente, e suas sessões terapêuticas devem ser sua primeira prática quanto à tarefa inacabada. A terapia gestáltica é, então, uma terapia, "aqui e agora", em que pedimos ao paciente durante a sessão para voltar toda sua atenção ao que está fazendo no momento, no decorrer da sessão — justamente aqui e agora.

A terapia gestáltica é uma terapia experiencial, mais que uma terapia verbal ou interpretativa. Pedimos ao paciente para não falar sobre seus traumas e problemas da área remota do passado e da memória, mas para *reexperienciar* seus problemas e traumas — que são situações inacabadas no presente — no aqui e agora. Se o paciente vai fechar o livro de seus problemas passados, deve fechá-lo no presente. Porque deve entender que, se seus problemas passados fossem realmente passados, não seriam mais problemas e, certamente, não seriam atuais.

Além disso, como uma terapia experiencial, a técnica gestáltica exige do paciente que ele experiencie a si mesmo tanto quanto possa, que ele se experiencie tão completamente quanto possa, no aqui e agora. Pedimos ao paciente que se dê conta de seus gestos, de sua respiração, de suas emoções, de sua voz, e de suas expressões faciais, tanto quanto dos pensamentos que mais o pressionam. Sabemos que quanto mais se der conta de si mesmo, mais aprenderá sobre o que é seu si-mesmo. À medida que ex-

Terapia Aqui e Agora

perimente os modos pelos quais se impede de "ser" agora — os meios por que se interrompe —, também começará a experienciar o si-mesmo que interrompeu.

No processo, o terapeuta é guiado pelo que observou sobre o paciente. Discutiremos o papel do terapeuta com mais detalhe num capítulo adiante. Basta dizer aqui que o terapeuta deveria ser sensível ao que o paciente apresenta superficialmente, de modo que a percepção mais ampla do terapeuta possa servir de meio que habilite o paciente a criar sua própria conscientização.

A sentença básica que dizemos a nossos pacientes para começar a terapia e que mantemos no seu decorrer — não apenas em palavras, mas no espírito —, é a frase simples: "Agora percebo conscientemente". O agora nos mantém no presente e nos põe a par do fato de que nunca é possível uma experiência exceto no presente. E o presente, em si mesmo, é, naturalmente, uma experiência sempre cambiante. Uma vez que o agora for usado, o paciente usará facilmente o tempo presente do começo até o fim, trabalhará numa base fenomenológica e, como mostrarei mais tarde, fornecerá o material da experiência passada que é necessário para fechar a Gestalt, para assimilar uma memória, para corrigir o equilíbrio do organismo.

O "eu" é usado como um antídoto para "esta" ou "aquela" parte minha e desenvolve o sentido de responsabilidade do paciente por seus sentimentos, pensamentos e sintomas. O "sou" é um símbolo existencial. As situações vivenciadas pelo paciente como apenas uma parte de seu ser ("este" ou "aquele" aspecto do meu ser) são trazidas a ele juntamente com o seu agora e o seu vir a ser. Ele aprende rapidamente que cada novo "agora" é diferente do anterior.

O "conscientizar-se" fornece ao paciente a compreensão de suas próprias capacidades e habilidades, de seu equipamento sensorial, motor e intelectual. Não se trata de consciente — que é puramente mental — como se a experiência fosse investigada somente através da mente e de palavras. O "conscientizar-se" fornece algo mais ao consciente. Trabalhando, como nós, com o que o paciente tem, seus meios atuais de manipulação, mais do que com o que ele não desenvolveu ou perdeu, a "conscientização" dá tanto ao paciente quanto ao terapeuta a melhor imagem dos recursos atuais do paciente. Isto porque a "conscienti-

78   A ABORDAGEM GESTÁLTICA

zação" só se desenvolve no presente. Abre possibilidades
para a ação. A rotina e os hábitos são funções estabeleci-
das e qualquer necessidade de mudá-las requer que elas
sejam trazidas mais uma vez ao foco da "conscientização".
A simples ideia de mudá-las pressupõe a possibilidade de
caminhos alternativos de pensar e agir. Sem dar-se conta
não há conhecimento da escolha. O "conscientizar-se", o
contato e o presente são simplesmente aspectos diferentes de um mesmo processo — a autorrealização. É aqui e
agora que nos damos conta de todas as nossas escolhas,
desde pequenas decisões patológicas (ajeitar um lápis na
posição exatamente correta) até a escolha existencial de
dedicação a uma causa ou profissão.

Como este "agora percebo conscientemente", esta terapia do aqui e agora são postos em prática? Tomemos o
exemplo de um neurótico, cujo problema não resolvido é
o trabalho inacabado de luto por um pai morto. Conscien-
tizando-se ou não, tal paciente fantasia que seus pais-
guias ainda estão a seu redor; age como se os pais ainda
estivessem vivos e conduz sua vida por rumos antiquados. Para se tornar autossuficiente e participar ativamen-
te do presente como ele é, tem que abandonar esta tute-
la; tem que partir, tem que dizer um último adeus a seu
progenitor. E para fazer isto bem, tem que ir ao leito de
morte e encarar o desenlace. Tem que transformar seus
pensamentos sobre o passado em ações no presente, que
ele vivencia como se agora fosse o então. Não pode fazê-
lo simplesmente renarrando a cena, deve revivê-la. Deve
prosseguir e assimilar os sentimentos interrompidos, que
são, na maior parte, de intensa tristeza, mas que podem ter
em si elementos de triunfo ou culpa ou inúmeras outras
coisas. É insuficiente simplesmente contar um incidente
passado, tem-se que retomar a ele *psicodramaticamente.*
Assim como falar sobre si mesmo é uma resistência contra vivenciar, também a memória de uma experiência —
simplesmente falando sobre ela —, deixa-a isolada como
um depósito do passado — sem vida como as ruínas de
Pompeia. Fica-se com a oportunidade de fazer algumas
reconstruções engenhosas, mas elas não são trazidas de
volta à vida. A memória do neurótico é mais do que simples campo de exploração para os arqueólogos do comportamento humano, que chamamos de psicanalistas. É o
fato inacabado, que ainda está vivo e interrompido, espe-

TERAPIA AQUI E AGORA 79

rando para ser assimilado e integrado. É aqui e agora, no presente, que esta assimilação deve ocorrer.

O psicanalista, a partir das amplas riquezas de seu conhecimento teórico, poderia explicar ao paciente: "Você ainda está preso a sua mãe porque se sente culpado de sua morte. Foi algo que você desejou na infância e reprimiu, e quando seu desejo se tornou uma verdade, você se sentiu como um assassino." E pode haver elementos de verdade no que ele diz. Mas este tipo de explicação simbólica ou intelectual não afeta os sentimentos do paciente, pois estes são o resultado não de seu sentimento de culpa, mas da interrupção deste sentimento, quando sua mãe morreu. Se ele tivesse se permitido vivenciar completamente a sua culpa na época, não se sentiria angustiado agora. Na terapia gestáltica, então, solicitamos que o paciente fale psicodramaticamente com sua mãe morta.

Porque o neurótico acha difícil viver e se conscientizar no presente, achará difícil se inserir na técnica do aqui e agora. Interromperá sua participação atual com memórias do passado, e continuará falando sobre elas como se fossem passado de fato. Acha menos difícil associar que se concentrar, e tendo se concentrado, vivenciar-se a si mesmo. Quer se concentre nas sensações de seu corpo ou em suas fantasias — embora inicialmente vá considerar penosa esta tarefa — seu dilema inacabado faz da concentração um projeto principal para ele. Não consegue ordenar claramente suas necessidades, tende a dar a todas o mesmo valor. É como o jovem sobre quem falou uma vez Stephen Leacock, contando que montou num cavalo e saiu a galopar loucamente em todas as direções.

Nosso pedido para que se torne capaz de concentrar-se não se apoia no desejo de torná-lo infeliz. Se ele vai passar a ter participação total no presente, a dar o primeiro passo em direção a uma vida produtiva, deve aprender a dirigir suas energias — isto é, a se concentrar. Será capaz de mudar de "agora necessito disto" para "agora necessito daquilo", só se realmente vivenciar cada necessidade e cada agora.

Além disso, a técnica de concentração (o conscientizar-se focal) nos fornece um instrumento para terapia em profundidade, mais que em extensão. Pela concentração em cada sintoma, em cada área da conscientização, o paciente aprende muitas coisas sobre si próprio e sobre sua neurose. Aprende o que está vivenciando realmente.

80 A Abordagem Gestáltica

Aprende como o vivencia. E aprende como seus sentimentos e comportamentos numa área estão relacionados com seus sentimentos e comportamentos em outras áreas. Retornarei por um momento à manifestação psicossomática clássica, a dor de cabeça. Os pacientes frequentemente a citam como um dos sintomas que mais os incomodam. Queixam-se de que suas dores de cabeça os incomodam de vez em quando e, quando vêm para o tratamento, querem preocupar-nos com seus sintomas. São, sem dúvida, convidados a fazê-lo. Mas, em troca, nós os incomodamos — pedimos que tomem mais responsabilidade e menos aspirina. Fazemos isto, pedindo-lhes para descobrir, vivenciando, como produzem suas dores de cabeça. (A experiência do "ah!" de descoberta é um dos agentes de cura mais poderosos.) Primeiramente lhes pedimos para localizar a dor e para ficar, ou sentar ou deitar com a tensão. Pedimos que se concentrem na dor, que não se desembaracem dela. No começo somente uns poucos serão capazes de suportar a tensão. A maior parte dos pacientes tentará interromper com explicações, associações, ou ridicularizar o que estamos fazendo. Consequentemente, o terapeuta tem que trabalhar contra vários tipos diferentes de interrupção, um atrás do outro, e tem que converter estas interrupções em funções do eu. Isto significa que antes mesmo de atingirmos a dor de cabeça, já fizemos um trabalho considerável para a integração. Suponhamos, por exemplo, que o terapeuta peça ao paciente para ficar com suas dores e o paciente diga, como ocorre frequentemente, "isto tudo é um absurdo". Se, ao invés disso, ele aprende a dizer "O que você está tentando fazer é um absurdo", estará dando um minúsculo passo à frente. Com tal passinho, transformamos uma diminuta parte do "aquele meu lado" numa *função de contato,* numa autoexpressão. Poderíamos até acompanhar sua afirmação e pedir ao paciente para elaborá-la. Isto lhe daria uma oportunidade de expressar grande parte de seu ceticismo não confesso, suas desconfianças etc., e todos estes aspectos são parte de seus problemas não resolvidos que estão impedindo sua participação total no presente.

Mas finalmente o paciente será capaz de permanecer com sua dor de cabeça e com suas dores, que agora pode localizar. Esta capacidade de permanecer é a abertura de possibilidade para o desenvolvimento de contato com o si-mesmo. Se ele permanece com suas dores pode descobrir

TERAPIA AQUI E AGORA 81

que vem contraindo alguns músculos, ou que sente uma dormência. Digamos que ele descobre que suas dores estão associadas com contrações musculares. Então lhe pediremos para exagerar a contração. Assim ele verá como pode, voluntariamente, criar e intensificar suas próprias dores. Ele poderia então dizer, como uma resultante de suas descobertas até aquele momento, "é como se eu estivesse contorcendo meu rosto para chorar". O terapeuta poderia então perguntar: "Você gostaria de chorar?" E então, se lhe pedíssemos para dirigir-nos diretamente essa observação, para dizê-la encarando-nos, ele poderia muito bem cair no choro, gritando: "Não vou chorar, desgraçado! Deixe-me em paz. Deixe-me sozinho." Aparentemente, então, sua dor de cabeça era uma interrupção da necessidade de chorar. Ficou claro que ele perdeu sua necessidade de interromper seu choro, provocando em si mesmo dores de cabeça. O paciente pode, no máximo, ter perdido sua capacidade de chorar também, pois se a terapia pode ser concentrada nesse único fator por um período de tempo bastante longo, ele pode ser capaz de trabalhar através das interrupções do passado que também levam à necessidade de chorar no presente. Mas mesmo antes deste estágio, foi feito progresso. O paciente transformou um envolvimento parcial (dor de cabeça) num envolvimento total (o choro). Transformou um sintoma psicossomático numa expressão do si-mesmo total porque, nesta pequena explosão de desespero, ele esteve completa e totalmente envolvido. Assim, através da técnica da concentração, o paciente aprendeu como participar inteiramente pelo menos de uma experiência atual. Aprendeu, ao mesmo tempo, algo sobre os processos de autointerrupção e os modos pelos quais estes processos estão relacionados à totalidade de sua experiência. Descobriu um de seus meios de manipulação.

Como dissemos, o neurótico é um autointerruptor. Todas as escolas de psicoterapia levam em conta este fato. Freud, na verdade, construiu sua terapia acerca do reconhecimento deste fenômeno. De todas as formas possíveis de autointerrupção, ele escolheu a mais decisiva, que chamou de censor. Ele disse: "Não interrompa o livre fluir de suas associações." Mas também postulou que o censor era o criador da perturbação, e então Freud falou: "Não se perturbe." Precisamente com estes dois tabus ele interrompeu no paciente tanto a vivência de sua perturbação

82 A ABORDAGEM GESTÁLTICA

como a da sua dissolução. Isto resulta numa dessensibi-lização, numa inabilidade para vivenciar, embaraço ou até (e isto se aplica ainda mais a pacientes em terapia reichiana) num descaramento por defesa compensatória. O que tem que ser manejado em psicoterapia não é o ma-terial censurado, mas o censurar mesmo, a forma que as-sume a autointerrupção. De novo, não podemos trabalhar de dentro para fora, mas só de fora para dentro.

O processo terapêutico (que é o restabelecimento do si-mesmo pela integração das partes dissociadas da per-sonalidade) deve trazer o paciente ao ponto em que ele não se interrompa mais, isto é, até o ponto em que ele não seja mais um neurótico. Como podemos fazer isso sem cometer o erro de interromper a interrupção? Menciona-mos anteriormente a ordem de Freud, "não censure", que é, em si mesma, uma censura ao censor, uma interrupção do processo de censurar. O que temos que fazer é perce-ber e lidar com os *comos* de cada interrupção, mais que com o censor — que é o *porquê* da interrupção postulado por Freud. Se lidamos com a interrupção ela mesma, lida-mos com o quadro clínico direto, com a experiência que o paciente está vivendo. De novo, lidamos com a super-fície que se apresenta. Não há necessidade de imaginar e interpretar. Escutamos a interrupção de uma frase ou percebemos que o paciente prende a respiração ou ve-mos que ele está cerrando os punhos, como se fosse ferir alguém, ou balançando as pernas como se fosse dar um pontapé, ou observamos como ele interrompe o contato com o terapeuta olhando para outro lado.

Ele se dá conta destas autointerrupções? Esta deve ser nossa primeira pergunta para ele em tal situação. Ele sabe que isto é o que está fazendo? À medida que se dá conta de suas maneiras de interromper-se perceberá ine-vitavelmente o que está interrompendo. Como demons-trou nosso exemplo da dor de cabeça, foi permanecendo com sua interrupção, a dor de cabeça, que ele descobriu como estava usando este mecanismo para interromper seu próprio chorar. Este exemplo mostra como, pela con-centração na interrupção em si, em seus "comos", não nos porquês — o paciente vem a se conscientizar que está se interrompendo e se dá conta do que está interrompendo. Também se torna capaz de dissolver suas interrupções e de viver e resolver uma experiência não resolvida.

TERAPIA AQUI E AGORA 83

Os mecanismos neuróticos de introjeção, projeção e retroflexão são eles mesmos mecanismos de introjeção e, em geral, desenvolvidos em resposta a interrupções do mundo exterior. No processo normal de crescimento, aprendemos por ensaio e erro, testando nossas vidas e nosso mundo tão livre e ininterruptamente quanto possível,

Imagine um gatinho subindo numa árvore. Está metido numa experiência. Ele se equilibra, testa sua força e agilidade. Mas a mãe gata não o deixará sozinho; insistirá para que ele desça. "Você vai quebrar o pescoço, gatinho levado", chia. Como isto interromperia o prazer do gatinho crescer! Interromperia até o próprio processo de crescimento. Mas os gatos sem dúvida não se comportam tão estupidamente. Deixam a procura da segurança para os seres humanos.

Pelo contrário, o gato, como qualquer outro animal e muitos seres humanos sensíveis, vai considerá-la a essência do treinamento para facilitar a transformação do apoio externo em autossuficiência. O gatinho recém-nascido não se pode alimentar, transportar ou defender. Para tudo isto necessita de sua mãe. Mas desenvolverá os meios de fazer estas coisas ele mesmo, em parte desenvolvendo seus instintos inatos, em parte através do ensino do meio. No ser humano a transição do apoio externo para autossuficiência é, sem dúvida, mais complicada. Considere apenas as necessidades de trocar fraldas, vestir, cozinhar, escolher uma vocação ou ganhar conhecimento.

Forçados a apreender mais através da educação do que com o uso do instinto, falta-nos a intuição animal a respeito do procedimento adequado ao momento. Ao invés disso, o procedimento "certo" é estabelecido por fantasias complexas que são legadas e modificadas de geração a geração. São, em sua maior parte, funções de apoio para o contato social, tais como boas maneiras e códigos de comportamento (ética), meios de orientação (leituras, *Weltanschauungen*), padrões de beleza (estética), e posição social (atitudes). Em geral, no entanto, estes procedimentos não são orientados biologicamente, rompendo então a própria raiz da existência e levando à degeneração. Os relatos de casos psiquiátricos mostram, um após outro, como nossa orientação depreciativa em relação ao sexo pode produzir neuroses. Mas se estes procedimentos são antibiológicos ou antipessoais ou antissociais, são

84 A Abordagem Gestáltica

interrupções dos processos de crescimento que, sem interferências, conduziriam à autossuficiência.

Tais interrupções são os pesadelos da educação de Júnior. Há as *interrupções de contato*, o "não toque nisto!", que rodeia seus ouvidos dia e noite. Ou "deixe-me em paz! Não posso ter um minuto de paz" interrompe seu desejo de interromper a mãe. Suas *fugas* também são interrompidas. "Agora você fique aqui, concentre-se em seu dever de casa, e não sonhe." Ou "você não pode ir brincar, enquanto não tiver acabado de jantar".

Adotaremos, então, uma política de completa não interrupção? Como qualquer outro animal, Júnior tem que testar o mundo, descobrir suas possibilidades, tentar expandir suas barreiras, experimentar quão longe pode ir. Mas, ao mesmo tempo, tem que ser impedido de fazer danos sérios a si mesmo ou aos outros. Tem que aprender a lidar com interrupções.

O problema real começa quando os pais interferem na maturação da criança, ou mimando-a e interrompendo suas tentativas de descobrir seus próprios pontos de apoio, ou sendo superprotetores, e destruindo sua confiança em sua habilidade de se autobastar, dentro dos limites de seu desenvolvimento. Encaram a criança como uma coisa que possuem para ser protegida ou exibida. No último caso, tenderão a criar a precocidade, fazendo exigências ambiciosas à criança, que não possui na época suficiente potencialidade interna para preenchê-las. No primeiro caso, tenderão a bloquear a maturação, não dando à criança chance de fazer uso das potencialidades internas que tem desenvolvido. A primeira criança pode crescer aparentemente autossuficiente, a segunda dependente — nenhuma das duas terá autoestima.

Nossos pacientes vêm a nós tendo incorporado as interrupções de seus pais em suas próprias vidas e isto é introjeção. Tais pacientes são os que nos dizem, por exemplo: "adultos não choram!" Vêm a nós tendo se descartado de suas partes detestáveis — as que foram interrompidas em sua infância — isto é projeção. "Estas malditas dores de cabeça! Por que tenho de sofrer delas!" Podem virar as qualidades que seus pais chamavam de más e a expressão do que interromperam contra si mesmos. Isto é retraflexão. "Devo me controlar! Não posso chorar!" Estas pessoas podem ter-se tornado tão confusas com as interrupções de seus pais que abandonam completamente sua

TERAPIA AQUI E AGORA

identidade e esquecem a diferença e a conexão entre suas necessidades internas e os meios externos de satisfazê-las. Isto resulta em confluência. "Sempre fico com dor de cabeça quando as pessoas gritam comigo."

Fazendo com que nossos pacientes percebam, no aqui e agora, pela concentração, o que são estas interrupções, e como estas interrupções os afetam, podemos trazê-los à integração verdadeira. Podemos dissolver a trama interminável em que se encontram. Podemos dar-lhes uma oportunidade de serem eles mesmos; porque eles começarão a vivenciar a si mesmos; isto lhes dará uma avaliação verdadeira tanto de si quanto dos outros, e os capacitará a fazer um bom contato com o mundo porque saberão onde está o mundo. Compreender significa, basicamente, ver uma parte em sua relação com o todo. Para nossos pacientes, isto significa ver a si mesmos como partes do campo total e daí relacionar-se tanto consigo quanto com o mundo. Isto é um bom contato.

5 DESCASCANDO A CEBOLA

Podemos agora dar seguimento a uma discussão mais extensa sobre as técnicas e resultados. Antes de mais nada, gostaríamos de tornar explícitas certas observações que, por si sós, formam grande parte da base lógica subjacente a nosso procedimento.

Na experiência do "agora me conscientizo", discutida no capítulo anterior, a área de autopercepção do paciente, no princípio, fica limitada às impressões sensoriais externas. Mais tarde, se expande para incluir muitos outros fatores externos e internos, à medida que ele continua. Em outras palavras, o simples começar a dar-se conta de que se conscientiza aumenta nossa área potencial de operação. Propicia uma orientação mais ampla e maior liberdade de escolha e ação.

Este fato é extremamente importante para o neurótico. Como indicamos antes, não lhe falta a habilidade de manipular o meio, mas definitivamente lhe falta uma orientação dentro dele. Ele está fechado em sua falta de consciência de si mesmo e da situação externa, e tem pouco espaço em que manobrar. Mas logo que aumenta sua conscientização, sua orientação e mobilidade também aumentam. Ele está então em melhor contato, uma vez que o contato requer orientação para o momento.

Para o neurótico isto é importante. Ele tem pouca consciência do si-mesmo; está sempre interrompendo a si próprio. Este só raramente se conecta a ele. Consequentemente, ele não pode se expressar. Mesmo este modo de expressão rudimentar e um tanto simples é um grande passo à frente.

Estou convencido de que a técnica do conscientizar-se pode, sozinha, produzir resultados terapêuticos valio-

DESCASCANDO A CEBOLA   87

sos. Se o terapeuta se limitasse em seu trabalho a responder apenas a três perguntas, poderia, eventualmente, ter sucesso com todos os seus pacientes, menos os seriamente perturbados. São estas as três perguntas que se constituem, essencialmente, na reformulação da afirmação "agora me conscientizo": "O que você está fazendo?", "O que você sente?", "O que você quer?". Poderíamos aumentar o número com mais duas, e incluir estas perguntas: "O que você evita?", "O que você espera?". Estas são, obviamente, extensões das três primeiras. E poderiam ser suficientes para o arsenal do terapeuta.

Todas as cinco são questões autoapoiadoras,* isto é, o paciente só pode respondê-las à medida que seu próprio conscientizar-se o torne possível. Mas, ao mesmo tempo, elas o ajudam a conscientizar-se cada vez mais. Elas o deixam à mercê de seus próprios recursos, o levam a um reconhecimento de sua própria responsabilidade, lhe pedem para reunir suas forças e meios de autoapoio. Dão a ele um sentimento de mesmidade porque são dirigidas a si-mesmo.

Ele as responde diretamente do intelecto, mas sua resposta total, a menos que seja completamente dessensibilizada, vem da pessoa toda e é um indicador de sua personalidade total. Além das respostas apropriadas, que são sempre prontamente acessíveis a ele, haverá quase sempre alguma reação adicional — uma confusão, uma hesitação, um franzir a testa, um balançar os ombros, um "que pergunta boba!" suprimido, um pouquinho de embaraço, um desejo de não ser incomodado, um "oh! meu Deus, lá vem ele de novo!", uma inclinação ansiosa para a frente etc. Cada uma dessas respostas é muitas vezes mais importante que a resposta verbal. Cada uma delas é uma indicação do si-mesmo e do estilo do paciente. No início, o comportamento do paciente pode ser de maior valor para o terapeuta do que para o próprio paciente. O terapeuta, possuindo uma área de conscientização mais ampla, pode ver o comportamento como uma função da personalidade total. O paciente, cuja área de conscientização está ainda limitada, pode estar completamente abstraído de tudo, exceto de sua resposta verbal. Ou, se não

---

* Apoiadoras é a mais aproximada palavra em nossa língua, mas não tem a conotação de sustentação que *supportive* tem em inglês. (N.T.)

88 A ABORDAGEM GESTÁLTICA

está abstraído, pode ser incapaz de abarcar o significado de seu estilo da resposta. Mas eventualmente haverá um estalo também na conscientização do paciente. Este será o primeiro grande passo que ele dá na terapia.

O terapeuta pode ajudar ao paciente em sua autodescoberta atuando como se fosse um espelho de aumento. O terapeuta não pode fazer descobertas para o paciente, só pode facilitar o processo no paciente. Através de suas perguntas, pode levar o paciente a ver mais claramente seu próprio comportamento e ajudá-lo a determinar para si mesmo o que representa aquele comportamento.

E o terapeuta arguto pode encontrar bastante material bem diante de seus olhos; necessita apenas olhar. Infelizmente, mesmo isto não é tão fácil, pois olhar e ver exigem que o terapeuta esteja completamente imparcial e sem *a priori*: Uma vez que o *contato sempre ocorre na superfície*, é na superfície que o terapeuta deve ver. Mas não nos enganemos a respeito — esta superfície é bem mais ampla e mais significativa do que admitirá o terapeuta ortodoxo. Em primeiro lugar, seus conceitos apriorísticos de percebê-la o impedem. Em segundo lugar, eles tendem a torná-la como certa, a falar dela desdenhosamente, como "óbvia". É aí que cometem seu maior erro. Enquanto tomamos algo como garantido e o rejeitamos como óbvio, não temos a menor inclinação para promover uma mudança, nem temos instrumentos com que fazê-la.

Mas consideremos por um instante este fato: tudo que o paciente faz, óbvio ou oculto, é uma expressão de simesmo. Sua inclinação para frente, e seu rechaço, seus protestos abortivos, sua inquietação, seus enunciados sutis, suas hesitações entre duas palavras por fração de segundos, sua caligrafia, seu uso de metáfora e linguagem, seu uso de "isto" em vez de "você" e "eu"; todos estão na superfície, todos são óbvios, todos são significativos. Estes são os únicos materiais com que pode trabalhar o terapeuta. Suas ideias preconcebidas não vão absolutamente ajudar ao paciente.

As perguntas do terapeuta serão baseadas então em suas observações e dirigidas para trazer certos fatores à área da conscientização do paciente. Aquele usa mais a técnica de fazer perguntas do que fazer afirmações, de modo que a carga principal de reconhecimento e ação é colocada onde pertence — no paciente. Mas suas per-

Descascando a Cebola

guntas são, realmente, traduções de suas observações. Tal como: "Você percebe o que diz?", poderia representar a seguinte observação e poderia ser convertida na seguinte afirmação: "Eu me dou conta de que você fala extremamente rápido. Também noto que você está continuamente perdendo o fôlego. Seria bom que você mesmo se desse conta do que está fazendo para que possa lidar com a excitação que está desperdiçando desta maneira."

Há, entretanto, um modo de fazer perguntas — usado pelos terapeutas mais ortodoxos — que me parece de pouco valor terapêutico. São as perguntas que começam com "por quê?". Já discuti isto um pouco antes, mas o assunto me parece ter importância suficiente para ser retomado.

As perguntas "por quê?" só produzem respostas no passado, defesas, racionalizações, desculpas e a ilusão de que um evento pode ser explicado por uma causa única. O por quê não discrimina finalidade, origem ou motivo (*background*). Sob a máscara de averiguação, contribuiu para a confusão humana talvez mais do que qualquer outra palavra. Nada disso acontece com o "como". O como averigua a estrutura de um evento, e uma vez que esteja clara a estrutura, todos os porquês são automaticamente respondidos. Uma vez que tenhamos clareado a estrutura da dor de cabeça, podemos responder *ad libitum* ao pessoal dos porquês. Nosso paciente tem dor de cabeça "porque" suprime seu choro, "porque" não se expressou, "porque" contraiu seus músculos, "porque" interrompeu a si mesmo, "porque" introjetou uma ordem de não chorar etc. Se gastarmos nosso tempo procurando causas em vez de estruturas podemos também abandonar a ideia de terapia e nos juntarmos ao grupo de mães preocupadas, que atacam suas presas com perguntas tão sem graça como: "Por que você pegou este resfriado?", "Por que você foi tão levado?"

Sem dúvida, todas as perguntas do terapeuta são interrupções de algum processo que está se passando no paciente. São intrusões, muito frequentemente choques em miniatura. Isto leva a uma situação aparentemente injusta. Se o terapeuta tem que frustrar as exigências do paciente, mas se sente livre para inquirir, não será esta uma situação injusta, um procedimento autoritário, completamente antitético ao nosso esforço de elevar o terapeuta da condição de figura poderosa para a de um ser

90 A ABORDAGEM GESTÁLTICA

humano? Tem-se que admitir que não é fácil encontrar o caminho dentro desta inconsistência, mas uma vez que o terapeuta tenha resolvido o paradoxo psicoterapêutico de trabalhar tanto com o *apoio* como com a *frustração*, seus procedimentos se tornarão adequados.

O terapeuta, sem dúvida, não é o único que pode fazer perguntas. E é impossível enumerar as muitas coisas que o paciente pode fazer com esta técnica. Suas perguntas podem ser inteligentes e mantenedoras da terapia. Podem ser irritantes e repetitivas. Podem ser os "o que você quer dizer?" e "o que significa o que você diz?" das pessoas bloqueadas semanticamente. Nem sempre é aparente a área de confusão onde surgem as perguntas do paciente. Algumas vezes ele não sabe se pode confiar no terapeuta, de modo que usará perguntas para testá-lo. Se ele tem dúvidas obsessivas, fará a mesma pergunta várias vezes repetidas.

A maior parte das perguntas que faz o paciente são seduções do intelecto, ligadas à noção de que explicações verbais são um substituto para o entendimento. Enquanto tais pacientes forem alimentados com interpretações, em especial se forem bloqueados emocionalmente, aconchegar-se-ão, felizes, de volta ao casulo de sua neurose, ronronando, cheios de paz.

A ideia de frustrar as perguntas dos pacientes é tão velha quanto a própria psicoterapia. Mesmo uma resposta simples como "por que você faz esta pergunta?" se destina a devolver o paciente a seus próprios recursos. Mas, como já falamos antes, a pergunta por que é um instrumento muito inadequado. Queremos trazer à tona a estrutura da pergunta do paciente, sua premissa: e possivelmente podemos alcançar o si-mesmo no processo. E assim nossa técnica é pedir ao paciente que converta suas perguntas em proposições ou afirmações.

No início eles simplesmente envolverão as perguntas em outras palavras, apegando-se ao questionamento "Estou curioso... " Então repetiremos nosso pedido. Agora o paciente poderia dizer: "Sou desta ou daquela opinião, o que você acha?" Isto, pelo menos, é um passo à frente — agora o paciente exibe para si mesmo sua insegurança e sua necessidade de apoio intelectual. Podemos ir adiante e pedir outra reformulação, e então o paciente pode se

DESCASCANDO A CEBOLA   91

liberar e uma porção de material que estava retida pode
ser liberada. Eis um exemplo:

Paciente: O que você quer dizer com apoio?
Terapeuta: Pode transformar isto numa afirmação?
Paciente: Gostaria de saber o que você quer dizer com
apoio.
Terapeuta: Isto ainda é uma pergunta. Você poderia
transformá-la numa afirmação?
Paciente: Se eu pudesse te mandava para o inferno
com essa pergunta.

Agora temos um pouco de autoexpressão. Em verdade, é hostil, mas na medida em que pode ser socialmente
inaceitável dá ao paciente um aumento mínimo de autoapoio, proporcionando-lhe uma percepção aumentada
de si-mesmo. Embora o terapeuta possa progredir com as
cinco perguntas anteriormente mencionadas no capítulo,
ele não se limita a elas. Pois as perguntas iniciais pro-
piciadoras da conscientização são um meio do terapeuta
atingir o si-mesmo do paciente, de modo que suas afirmações e modos de manipular o terapeuta nos dão a chave
para atingir os mecanismos neuróticos, nos quais se apoia
contra o que considera um desmoronamento existencial.
As afirmações do paciente são, sempre, chaves para perguntas posteriores, possivelmente mais específicas.

O que faz o paciente, através destes mecanismos, é,
em essência, esquivar-se da responsabilidade por seu
comportamento. Para ele, a responsabilidade é uma acu-
sação, e medroso como é de ser acusado, ele está pronto
para acusar. "Não sou responsável por minhas atitudes, é
tudo culpa de minha neurose", ele parece estar dizendo.
Mas responsabilidade é realmente habilidade de resposta
(response ability), a habilidade de escolher suas reações.
Se o neurótico se dissocia de si mesmo através da projeção, introjeção, confluência ou retroflexão, encontra-se
numa posição em que, tendo abdicado da responsabilidade, também abandonou sua habilidade de resposta e sua
liberdade de escolha.

Para reintegrar o neurótico, temos que usar qualquer
parcela de responsabilidade que ele deseje assumir. O
mesmo se aplica ao terapeuta. Este tem que assumir inteira responsabilidade por suas reações ao paciente. Ele
não é o responsável pela neurose do paciente, nem por
sua miséria ou incompreensão, mas é responsável por

92 A ABORDAGEM GESTÁLTICA

seus próprios motivos e sua manipulação do paciente na situação terapêutica.

A responsabilidade fundamental do terapeuta é não deixar sem questionamento qualquer afirmação ou atitude que não sejam representativas do si-mesmo, que seja evidência da falta de responsabilidade do paciente. Isto significa que ele deve lidar com cada um dos mecanismos neuróticos à medida que eles aparecem. Cada um deve ser integrado pelo paciente, e deve ser transformado numa expressão do si-mesmo, de modo que ele possa verdadeiramente descobrir-se a si mesmo.

Como lidamos com estes mecanismos? Os exemplos dados anteriormente, do choro/dor de cabeça, do ofegar/ ataque de ansiedade, indicam algumas das maneiras pelas quais podemos trabalhar com as confluências. Ambos os sintomas são, em essência, evidências de confluências. As vítimas encerraram o controle dos músculos ao redor dos olhos com o controle de sua necessidade de chorar, no primeiro caso, e encerraram o controle de sua respiração com o controle de suas respostas emocionais, no segundo. Tendo estabelecido uma identidade entre dois termos diferentes de dois relacionamentos diferentes, interrompem o segundo termo de cada um interrompendo o primeiro. Ajudamos o paciente a dissolver a trama, ajudando-o a descobrir, através de sua experiência do sintoma, como ele, artificialmente, conectou os dois juntos, substituindo o sintoma pela autoexpressão e autoexperiência.

Quais são as evidências da retroflexão? Estas são encontradas, em geral, no comportamento físico do paciente, bem como em seu uso da linguagem "eu mesmo". Por exemplo, suponhamos que o paciente está sentado, falando sobre algo, e nós notamos que ele está cutucando uma das palmas das mãos com seu outro pulso. Isto é, razoavelmente óbvio, comportamento retroflexivo. Se o terapeuta lhe pergunta: "Quem você gostaria de socar?", o paciente pode, no início, olhar espantado para o terapeuta — "Oh! É apenas um hábito nervoso!" Em outras palavras, neste ponto, por este comportamento, ele não quer se responsabilizar. Mas como a terapia continua e a área de conscientização do paciente se alarga, sua responsabilidade também aumentará. Se o hábito nervoso continua, o paciente vai, um dia, em resposta à pergunta do terapeuta, dar uma resposta direta que vem do si-mesmo. Esta pode ser "minha mãe" ou "meu pai" ou "meu patrão"

DESCASCANDO A CEBOLA   93

ou "você". Qualquer que seja, o paciente, neste ponto, se terá dado conta de seu comportamento, de seu objetivo, de seu si-mesmo. Nós não deixamos a situação por aí, sem dúvida. mas não queremos descrever aqui as maneiras posteriores de manipulá-la. Estas serão discutidas no próximo capítulo.

É quase sempre surpreendente, para alguém com experiência limitada em gestalterapia, ver quão rápida, clara e suavemente é dada uma resposta. É quase como se o paciente estivesse esperando desesperadamente por uma chance para expressar a si mesmo. É surpreendente, não só para o observador, mas também para o paciente.

Quando o paciente faz uma afirmação que para o terapeuta parece ser uma projeção, podemos manipulá-la pedindo ao paciente que faça alguma coisa. Se ele fala em termos de "ele, ela" — ela me incomoda, a respeito da dor de cabeça — temos que fazer primeiro com que ele associe a si mesmo sua dor de cabeça. Ele faz isto vendo como produz suas dores de cabeça, de modo que a dor de cabeça não é mais um ela, e sim uma parte dele. Se ele expressa opiniões de outros que são projeções, "eles não gostam de mim", "estão sempre tentando me passar pra trás", pedimos-lhe para inverter a afirmação. "Eu não gosto deles", ou "eu estou sempre tentando passá-los para trás", e podemos ter que fazê-lo continuar a repetir até que isto emerja como uma autoexpressão sentida.

Podemos lidar com a introjeção justamente do modo oposto, fazendo o paciente se dar conta de sua atitude em relação ao material introjetado. É interessante ver como rapidamente a conscientização emocional de engolir o todo pode se tornar uma náusea física efetiva e o desejo de vomitar.

Em geral, pediremos ao paciente para tentar uma experiência, o material para o qual foi fornecida nossa observação dele — ou o que ele faz e o que ele não faz. O objetivo deste experimento é ajudar o paciente a descobrir por si mesmo como se interrompe e se impede de ser bem-sucedido. As metas em nossos experimentos terapêuticos não são para serem atingidas necessariamente. O que quer que o paciente possa fazer para manipular o terapeuta permanece forte, mas o paciente não ficará contente por deixar a situação como está. Prosseguirá seguidamente, indo sempre de encontro à frustração suportável, até que chegue a época em que se dê conta do que está fazendo.

94 A ABORDAGEM GESTÁLTICA

Por outro lado, se o paciente for genuinamente bloqueado, também mostrará sinais disto. Pode enrubescer ou gaguejar. Agora continuamos nossa experiência em fantasia, uma vez que o paciente não pode começar, ainda, a levá-la a cabo quer no nível real, quer no nível da representação.

Terapeuta: Se você disse isto, poderia imaginar qual seria a minha resposta?

Paciente: Sim, você pensará "que criatura horrível é você".

Terapeuta: Você poderia imaginar uma situação em que você pudesse me dizer "que criatura horrível você é".

Paciente: (com uma voz animada) Sim, foi isto exatamente o que pensei. Que criatura horrível você é para me colocar numa posição tão embaraçosa.

Terapeuta: Você poderia me dar mais detalhes de como eu gosto de colocar as pessoas em posições embaraçosas?

O paciente está agora mais livre do que estava. E pode estar pronto para algum psicodrama em fantasia sobre como alguém torna as pessoas embaraçadas, dessa forma transformando mais uma projeção (o terapeuta quer me deixar embaraçado) numa autoexpressão. Na hora de terminar a sessão, o paciente poderá compreender que ele interrompe o prazer que tem em provocar o embaraço nos outros, ficando ele mesmo embaraçado.

Agora internalizamos o conflito projetado, e podemos facilmente integrar seus dois componentes: interromper e embaraçar. Poderíamos descobrir, por exemplo, que o paciente sente que me fazendo parar em meus esforços terapêuticos me deixaria embaraçado. Deste modo ele me controlaria, e faria com que eu me sentisse desamparado. Obviamente, temos aqui uma atitude que, se não fosse rapidamente descoberta, sabotaria todo o tratamento. Assim, fazemos que ele fantasie sobre sua necessidade de controlar as pessoas. Poderíamos descobrir fantasias bárbaras de esmagar as pessoas para que não pudessem feri-lo. Agora podemos internalizar o ferir projetado e integrar, esmagar e ferir, como antes integramos interrupção e embaraço.

Neste ponto o terapeuta, provavelmente, notará que o paciente está começando a usar seus músculos; talvez ele cerre os punhos ou faça algum movimento súbito dos

DESCASCANDO A CEBOLA

braços ou pernas. Agora, uma parte maior de sua personalidade total está envolvida na autoexpressão. Enquanto antes ele poderia estar rígido da cintura para cima, está, pela primeira vez, movendo os ombros. Em vez de se sentir esmagado, como ocorre tão frequentemente, ele poderia agora se sentir como que esmagando, o que significa que está dando o primeiro passo para a agressão manual e dental, para desestruturar e assimilar.

Embora esta consideração seja supersimplificada mostra três coisas importantes: o terapeuta pode sempre trabalhar com os eventos presentes, tanto na realidade física, quanto na fantasia. Em segundo lugar, pode integrar imediatamente o que quer que surja no curso da sessão. e não precisa que se acumulem situações inacabadas. E, finalmente, o terapeuta pode trabalhar com experiências e não só com verbalizações ou lembranças. De fato, é raro o paciente em terapia gestáltica que não nos revele ter tido mais experiências nas primeiras sessões de nossa terapia do que em muitos anos de análise. Mesmo se dermos permissão à necessidade do paciente de manipular o terapeuta com lisonjas, estas observações são feitas com demasiada frequência para não serem consideradas.

Há um problema na terapia gestáltica que também existe nas outras terapias. É que o paciente se ajusta a nossas técnicas. Pode, então, começar a manipular o terapeuta com experiências fabricadas e irrelevantes, só para agradá-lo e, ao mesmo tempo, evitar lidar com suas reais dificuldades. Neste caso a técnica deve mudar do vivenciar para o representar, e o terapeuta tem que lidar com a atitude de "vamos fazer de conta" do paciente.

Pedimos a todos os pacientes para tentar fazer algum dever de casa, e muitos são capazes de acelerar consideravelmente sua terapia deste modo. Todos eles, sem dúvida, estão cheios de boas intenções quando é feito o pedido, todos prometem realizar fielmente suas tarefas, mas um bom número deles falha. Tão logo se aproximam da zona perigosa — e a técnica do perceber-se foi desenvolvida justamente com este objetivo — eles se desviam desta ou daquela maneira.

Teoricamente, este trabalho de casa é tão simples que parece incrível que o paciente possa fazer tanto esforço para evitá-lo. É, sobretudo, uma economia considerável de tempo e dinheiro. Mas, embora o neurótico queira ser "curado", também se sente mais seguro e bem estrutura-

96 A ABORDAGEM GESTÁLTICA

do com sua neurose do que sem ela, e teme que a terapia bem-sucedida o lance num buraco sem fundo. Ele preferiria suportar aquelas doenças que tem do que se precipitar noutras das quais não sabe nada. Mas, eventualmente, enquanto progride a terapia, e o paciente desenvolve maior autoestima, ele se torna mais capaz de lidar com seu dever de casa.

O dever de casa consiste em recapitular a sessão, em termos da aplicação sistemática da técnica de conscientização. Supõe-se que algum tipo de recapitulação ocorra em todos os tipos de terapia. Alguns pacientes se lembrarão de alguns pontos interessantes da sessão, outros reagirão à sessão — sentir-se-ão gratos, ressentidos, ponderadores, deprimidos. Outros, ainda, esquecerão o que aconteceu assim que deixam o consultório.

O que pedimos para o paciente fazer, de acordo com toda nossa abordagem, é se imaginar de volta ao consultório. O que experimenta? Ele pode revisar toda a sessão sem dificuldade? Pode achar espaços em branco? Em caso afirmativo, ele se dá conta desses espaços — isto é, sente que havia algum ponto vagamente perturbador em que não pode tocar? Expressou tudo o que queria em relação ao terapeuta? Pode fazê-lo agora e pode fazê-lo consigo mesmo como um todo? Pode se dar conta de estar evitando e interrompendo qualquer dos aspectos da expressão total — em outras palavras, está intensamente envolvido com suas emoções, movimentos, sensações, visualizações ou verbalizações? Diz o que sente e sente o que diz?

Os exemplos que dei e as técnicas que esbocei podem parecer um tanto mundanas e pouco dramáticas, se contrastadas com as expedições arqueológicas da análise ortodoxa, que um dia curam o complexo de castração, no outro desencavam os remanescentes da situação edipiana, no terceiro dia recordam todos os eventos traumáticos da cena primária. Mas, de fato, a carga emocional em cada sessão de terapia gestáltica é alta, não obstante quão mundano possa ser seu assunto. Se a emoção é, como supus, a força básica que dá energia a toda ação, ela existe em todas as situações de vida. Um dos problemas mais sérios do homem moderno é que ele dessensibilizou a si mesmo para tudo, menos para o tipo mais catastrófico de resposta emocional. A ponto de não ser mais capaz de perceber-se sensivelmente, a ponto de se tornar incapaz da liberdade de escolha que resulta numa atitude coerente.

DESCASCANDO A CEBOLA

Não, não há nada de bobagem, de desperdício ou de insignificante em nosso método de atingir os problemas. Uma vez que a meta da terapia é dar ao paciente um instrumento — o autossuporte — com o qual possa resolver suas próprias dificuldades, podemos trabalhar efetivamente com cada situação como ela se apresenta. Num momento podemos abrir uma porta, e noutro podemos descascar uma camada da cebola. Cada camada é uma parte da neurose, e à medida que se lida com ela muda o problema, à medida que muda o problema, também mudam os medicamentos. A cada passo do caminho, desde que a autossuficiência do paciente seja aumentada, a cada sessão o próximo passo se torna mais fácil.

6 IR E VIR, PSICODRAMA E CONFUSÃO

Há uma limitação óbvia ao uso exclusivo da técnica de conscientização. Levaria anos para conseguir seus resultados, como ocorre em muitas terapias ortodoxas, e nesse lapso de tempo a psiquiatria nunca poderia abarcar o número constantemente crescente de pessoas mentalmente perturbadas e o número que cresce ainda mais rapidamente de pessoas que vivem muito abaixo de seus potenciais. Embora o enfoque analítico tenha falhado em nos fornecer um instrumento à altura da urgência social, a técnica da conscientização por si só seria igualmente limitada.

Mas, tendo reconhecido a relação entre fantasia e realidade, podemos na terapia fazer uso integral da fantasia e de todos os seus crescentes estados de intensidade na direção da realidade — uma fantasia verbalizada, escrita ou representada através do psicodrama. Podemos desempenhar um psicodrama com nossos pacientes ou pedir-lhes que façam sozinhos este jogo que se chama "monoterapia".

Neste último caso, o paciente cria seu próprio palco, seus próprios atores, seus próprios adereços, direção e expressão. Isto lhe dá uma chance de compreender que tudo que imagina é seu, e lhe dá uma chance de ver os conflitos dentro de si. A monoterapia, portanto, evita a contaminação, os conceitos de outros, que estão usualmente presentes no psicodrama comum.

Fazemos também uso de muitas outras técnicas. A primeira que eu gostaria de discutir é a técnica do ir e vir. Como abordagem, não é nada de novo. Os freudianos manipulam o sonho exatamente deste modo, quando pedem

IR E VIR, PSICODRAMA E CONFUSÃO 99

ao paciente para ir e vir entre os conteúdos manifestos de um sonho e suas associações. Mas a aplicação sistemática da técnica na terapia gestáltica e o modo particular como é aplicada são ambos novos. Já demonstrei seu uso em nosso experimento com ansiedade aguda, em que pedi ao paciente para passar sua atenção de sua respiração para seus músculos, de seus músculos para sua respiração, até que a relação entre os dois ficou clara e o paciente pode respirar livremente. Este ir e vir nos ajuda a quebrar os padrões de confluência, tal como vimos na dor de cabeça que mostrou um choro disfarçado.

Uma de minhas primeiras curas "milagrosas" se deveu a uma aplicação intuitiva desta técnica. Veio para terapia um jovem cuja queixa principal era impotência sexual. Ele me contou com muitos detalhes sobre sua experiência passada, situação familiar, atividades sociais etc. Mas o que foi mais interessante foi sua observação de que embora sua saúde fosse, em geral, boa, ele se tratava com um otorrinolaringologista devido a uma congestão nasal crônica. Isto me deu a pista do indício mais vital de seu problema, e lembrando-me das observações de Fliess-Freud de que o aumento da membrana mucosa nasal era sempre um deslocamento da área genital, perguntei-lhe se desejaria interromper temporariamente o tratamento medicamentoso. Ele concordou. Durante sua próxima sessão, pedi-lhe para dirigir sua atenção alternadamente para suas sensações nasais e para suas sensações genitais inexistentes. Aconteceu uma coisa extraordinária. A dilatação nasal diminuiu e aumentou a tumescência do pênis. Agora ele podia tanto respirar livremente quanto ter relações sexuais. Ele havia interrompido as ereções de seu pênis e deslocado ambas, a sensação e a tumescência, para seu nariz, como havia, ainda, começado a compartimentalizar seus sintomas e a auxiliar suas dissociações, tendo diferentes especialistas para cuidar de si. Enquanto o otorrinolaringologista estava habituado a trabalhar com sintomas dissociados e "causas" locais, o enfoque gestáltico me habilitou a buscar a situação total, a examinar a estrutura do campo, a ver o problema em seu contexto total e a tratá-lo de modo unificado.

Quando encaramos os deslocamentos desta maneira, torna-se evidente que eles não podem ser tratados onde ocorrem porque não têm significado funcional neste lugar. O deslocamento deve ser trazido de volta para onde

100   A ABORDAGEM GESTÁLTICA

pertence; só pode ser resolvido na área em que tem um significado. O paciente que sofre de dores nos olhos devidas à retenção de lágrimas só pode dissolver suas dores chorando. O paciente que deslocou dos testículos (no vernáculo, dos ovos) — onde há sêmen — para os olhos* (e tenho tido muitos pacientes em tal caso) terá que mudar suas dores de volta para onde pertencem antes que elas possam ser tratadas. Até então ele não pode gozar um bom orgasmo e perder seus sintomas.

Agora vou apresentar outro exemplo menos dramático, mas igualmente válido. Aqui vamos e voltamos, não como faz o analista ortodoxo, entre associações e lembranças, mas entre o recordar de uma lembrança e o aqui e agora. Como mencionei anteriormente, agimos todo o tempo durante a sessão terapêutica como se fosse aqui e agora, pois conscientizar-se e vivenciar só podem ocorrer no presente. Mas mesmo sem a visualização e recordação mais vívidas de uma lembrança, o conhecimento de que ela é algo do passado permanece em segundo plano. Isto não é verdade, no entanto, para o que chamamos de propriocepções — o sentido interno, cinestésico muscular. As propriocepções não têm tempo, e só podem ser vivenciadas no aqui e agora. Portanto, se formos e voltarmos entre a visualização e a propriocepção, seremos capazes de preencher as lacunas e completar os dilemas não resolvidos do passado. O terapeuta treinado também levará em conta quaisquer movimentos involuntários que o paciente faça — balançar os ombros, dar pontapés etc., e dirigirá até eles a atenção do paciente.

Suponhamos que o paciente tenha fantasiado um retorno a uma experiência recente que o incomodou. A primeira coisa que ele diz quando entra no consultório é que seu emprego lhe está dando nos nervos. Ninguém, diz ele, o trata com bastante respeito. Não há nada especial que ele possa detectar mas toda a atmosfera lhe é desagradável. Pequenas coisas o deprimem. Algo muito sem importância aconteceu no restaurante da companhia naquele mesmo dia. Ele ficou perturbado e não pode entender porque aquilo o deixou tão triste.

---

* O autor aí compara a forma globular dos testículos com a dos globos oculares — ligando o vernáculo inglês *balls* (testículos) com *eyeballs* (globos oculares). (N.T.)

IR E VIR, PSICODRAMA E CONFUSÃO   101

Nós lhe pedimos para, em fantasia, voltar à experiência que o incomodou. Eis o que aconteceu:

Paciente: Estou sentado em nosso bar. Meu chefe está comendo numa mesa próxima.
Terapeuta: O que você sente?
Paciente: Nada. Ele está falando com alguém. Agora: está se levantando.
Terapeuta: O que você sente agora?
Paciente: Meu coração está batendo. Ele vem em minha direção. Agora estou ficando nervoso. Ele está passando por mim.
Terapeuta: O que você sente agora?
Paciente: Nada. Absolutamente nada.
Terapeuta: Você se dá conta de que está de punhos cerrados?
Paciente: Não. Agora que você o mencionou, sim, eu o sinto. Na verdade, eu estava com raiva de meu chefe passar bem junto a mim, entretanto se dirigiu a alguém de quem eu não gosto nem um pouco. Eu estava com raiva de mim mesmo por ser tão sensível.
Terapeuta: Você estava com raiva de alguém mais?
Paciente: Certo, com o cara com quem meu chefe parou para conversar. Que direito ele tem de perturbar o chefe? Veja, meu braço está sacudindo. Eu poderia feri-lo bem agora, o puxa-saco sujo.

Podemos agora dar o próximo passo e ir e vir entre os sentimentos do paciente e suas projeções. Melhor ainda, poderíamos revisar a cena de novo. A palavra "puxa-saco" nos deixa com suspeitas. Talvez o paciente não estivesse com raiva de seu chefe quando sentiu a pequena pontada de excitação ou ansiedade no início da cena.

Terapeuta: Voltemos ao momento em que seu patrão se levanta da mesa. O que você sente quando a visualiza?
Paciente: Espere um pouco... Ele está se levantando. Vem na minha direção. Estou ficando nervoso; espero que ele fale comigo. Sinto calor no rosto. Agora ele passa por mim. Sinto-me muito desapontado.

Esta foi uma situação menos traumática para o paciente. A excitação que foi mobilizada quando apareceu o chefe não conseguiu achar expressão apropriada e a catexis positiva (espero que ele fale comigo) se tornou negativa dirigida ao competidor do paciente. Esta catexis negativa era dirigida, na realidade, para as projeções do

102 A ABORDAGEM GESTÁLTICA

paciente, de vivenciar e satisfazer suas próprias necessidades e desejos.

O novo paciente usualmente encontra uma dificuldade inicial considerável em trabalhar com a técnica de ir e vir para recuperar abstrações perdidas. Mas com o tempo isto se torna mais fácil e traz recompensas importantes. Alguns pacientes, por exemplo, nunca ouvem; outros não têm emoções para contar; outros ainda não podem verbalizar; ainda um quarto grupo não tem qualquer poder de autoexpressão. Trabalhemos um pouco no problema teoricamente mais simples — a inabilidade de expressar a si mesmo.

Tomemos o caso de um homem de meia-idade, razoavelmente bem-sucedido, que parece ter necessidade de um muro de lamentações. Começará queixando-se ao terapeuta, sem parar, de sua mulher, de seus filhos, de seus empregados, de seus competidores etc. Mas não o deixamos continuar com esta expressão indireta. Pedimos para ele se visualizar falando com eles ou, psicodramaticamente, para falar com o terapeuta como se ele fosse a mulher, filhos ou o que lhe fosse desagradável. Como é nosso hábito, deixamos claro para ele que não deve se forçar para ser bem-sucedido, ele não deve interromper a si mesmo. Deixamos claro que nossos experimentos são executados com o objetivo de fazer com que ele se dê conta dos modos pelos quais está se bloqueando, e que o que queremos que faça é converter as áreas bloqueadas, ou repressões, em expressões.

Em tal situação, nós realmente temos três posições entre as quais ir e vir: as queixas do paciente (suas manipulações do terapeuta para conseguir apoio), sua autoexpressão inadequada (que é uma falta de bom contato e de autoapoio) e suas inibições (que são as autointerrupções do paciente). O que se segue é o tipo de coisa que poderia acontecer:

Paciente: Minha mulher não tem consideração por mim. (Isto é uma queixa, uma das técnicas de manipular o mundo externo para lhe dar o apoio que ele mesmo não se pode dar.)

Terapeuta: Você pode se imaginar dizendo isto na cara dela? (Estamos lhe pedindo aqui para não recorrer a nós para obter apoio, mas para se expressar diretamente.)

IR E VIR, PSICODRAMA E CONFUSÃO 103

Paciente: Não, não posso. Ela me interromperia assim que eu começasse. (De novo, uma queixa.)

Terapeuta: Você poderia lhe dizer isto? (De novo, um pedido para que ele se expresse diretamente.)

Paciente: Sim. Você nunca me deixa falar. (Isto ainda é uma queixa, mas pelo menos é direta. O terapeuta nota que a voz suave com que o paciente o pronuncia desmente suas palavras.)

Terapeuta: Você pode ouvir sua voz? (Aqui fomos e voltamos de uma queixa ao meio de autoexpressão inadequado.)

Paciente: Sim. Soa bastante fraca, não é? (Uma autointerrupção.)

Terapeuta: Você pode dar uma ordem — algo começando com as palavras "você deve"? (Em outras palavras, o terapeuta está pedindo ao paciente para se expressar simples, direta e apropriadamente.)

Paciente: Não. Não poderia.

Terapeuta: O que você sente agora? (Aqui vamos e voltamos para as sensações que acompanham as ações do paciente.)

Paciente: Meu coração está batendo. Estou ficando ansioso.

Terapeuta: Poderia dizer isso a sua mulher?

Paciente: Não. Mas estou ficando com raiva. Me sinto dizendo "cale a boca, uma vez". (E agora temos algo mais que queixas, autointerrupção e inexpressividade. Temos uma autoexpressão direta.)

Terapeuta: Você disse isto para ela.

Paciente: (gritando) Cale a boca! Cale a boca! CALE A BOCA! Pelo amor de Deus, deixe-me dizer uma palavra. (Autoexpressão explosiva.)

O terapeuta não diz nada; o paciente está agora sozinho em seu caminho. E logo-logo diz: "Não, eu não poderia dizer-lhe 'cale a boca', mas agora posso me imaginar interrompendo-a." E ele começa a representar uma interrupção: "Por favor, deixe-me dizer algo."

Até quando podemos permitir que esta atuação prossiga? Pois atuar suas tendências neuróticas é sempre doloroso para o paciente. Freud viu isto e advertiu contra os perigos da atuação no cotidiano, fora do consultório. Ele queria que o paciente se concentrasse na tendência neurótica que estava repetindo. Nosso intento é um pouco

104 A ABORDAGEM GESTÁLTICA

diferente. Dizemos que queremos que o paciente comece a se dar conta, no consultório, do significado do que está fazendo. E acreditamos que pode adquirir esta conscientização pela atuação — na terapia, no nível da fantasia — seja o que for que haja para ser completado. Na verdade, este é o conceito básico da terapia gestáltica. O paciente se sente compelido a repetir no cotidiano tudo que não pode levar a uma conclusão satisfatória. Estas repetições são seus dilemas não resolvidos. Mas, deste modo, não pode chegar a uma solução criativa, porque traz suas interrupções junto com suas repetições, sua atuação. Portanto, se nele estiver atuando uma tendência neurótica, em sua vida extraterapêutica, nós lhe pedimos, durante suas sessões, para repetir, deliberadamente, em fantasia, o que esteve fazendo na realidade. Deste modo, podemos descobrir o momento em que ele interrompe o fluxo das experiências e, portanto, impede-se de chegar a uma solução criativa.

Tomemos um exemplo quase diretamente oposto ao que descrevemos antes. Nosso paciente tem dificuldades com sua esposa, que são, inquestionavelmente, relacionadas com o fato de que ele está atuando suas tendências neuróticas na vida cotidiana. À medida que prossegue a terapia ele se dá conta, cada vez mais, de que há muitas coisas que gostaria de lhe dizer, que não expressará; elas a magoariam. Mas ele ainda não chegou a uma solução criativa, e interrompe sua expressão direta sendo indiretamente sádico. Chega, consequentemente, tarde para o jantar, ignora-a, comportando-se, em geral, de um modo calculado para ser irritante. Se lhe pedirmos para atuar na terapia o que não pode fazer na realidade, para remover suas interrupções e fantasiar e expressar na sua ausência o que diria em sua presença, embora sem medo, ele sentirá a mesma relutância para conversar com ela, na fantasia, como se fosse na realidade. Mas, à medida que a relutância diminui, e o paciente se torna capaz de expressar seus ressentimentos — para o terapeuta, como se ele fosse sua mulher — cada vez mais aprenderá como lidar com eles e não terá necessidade de recorrer ao sadismo indireto.

Há outros pacientes que simplesmente não ouvem. Podem abafar o terapeuta com palavras. Podem interrompê-lo. Podem parecer estar prestando atenção mas é óbvio que qualquer coisa que o terapeuta diga entra por

Ir e Vir, Psicodrama e Confusão   105

um ouvido e sai pelo outro. Podem, literalmente, não ou-
vi-lo. Podem interpretar mal seus pedidos e afirmações.
Deixamos estes pacientes ir e vir entre falar e ouvir a si
mesmos. Inicialmente, lhes pedimos, depois de cada uma
de suas frases: "Você se dá conta da sua frase?" Usualmente, eles se lembram de ter dito as palavras, mas em
geral dizem que não tinham se dado conta delas enquanto
falavam. Se houver uma dessensibilização da boca, como
ocorre, frequentemente, nestes casos, em geral pedimos
ao paciente para começar a se dar conta de seus lábios e
língua à medida que fala. Uma vez que tenha aprendido
a escutar e sentir a si mesmo falando, ele deu dois passos
importantes.

Agora eles também podem ouvir os outros e abriram
caminho ao não verbal em ser e comunicar. Pois sua fala
compulsiva anula tanto seu meio quanto a si próprio. Trata-se de sua técnica de autointerrupção. O que eles estão
interrompendo? Investigações e experimentos posteriores nos ajudarão a descobrir.

Com extrema frequência, descobrimos logo que quando impedimos tais pacientes de gastar toda sua excitação
— todo seu investimento emocional — em constante taga-
relice e verborreia, eles entram em tremenda ansiedade.
para eles, falar se tornou uma compulsão, e como todas as
compulsões, há grande tensão se ela for interrompida.

Existem ainda, além das técnicas de ir e vir, outros
atalhos que podemos usar para chegar a conscientização.
A técnica de ir e vir aguça a conscientização dando ao
paciente uma consciência mais clara das relações estabe-
lecidas em seu comportamento. Estas outras técnicas, en-
corajando a autoexpressão, produzem ambas maior conscientização e maior autoapoio. Há muitas escolas, além
da nossa, que fazem uso do método de autoexpressão
como um meio de reidentificação. Todas são abordagens
essencialmente integrativas, mas eu gostaria de selecionar a técnica psicodramática de Moreno como uma das
demonstrações mais vívidas do modo de aplicar a técnica
de ir e vir, como demonstraremos posteriormente.

A maneira de Moreno lidar com a situação psicodramática consiste essencialmente em pedir ao paciente para
mudar de um papel para outro — por exemplo, da criança
atormentada para a mãe resmungona. Desse modo, o paciente pode compreender que seu superego resmungão
é sua mãe fantasiada (sua introjeção), que é ele mesmo

106 A ABORDAGEM GESTÁLTICA

quem realmente está resmungando, que não está só escutando, mas importunando e sendo importunado ao mesmo tempo. Sua importância terapêutica é que facilita a desfazer a briga constante entre opressor e oprimido, não pelo ajustamento, mas pela integração.

A técnica psicodramática mostra seu valor no seguimento da terapia da dor de cabeça de que falamos no capítulo anterior. Você deve se lembrar que, no final esta manifestação se condensou na declaração do paciente de dois imperativos mutuamente contraditórios: "Não chore" e "Deixe-me sozinho". Agora o palco está pronto para um psicodrama em fantasia. O paciente, compreendendo que esta é uma divisão em sua própria personalidade, pode desempenhar realmente ambos os papéis, "não chore" e "deixe-me sozinho". Enquanto estiver representando a parte "não chore," pode descobrir "eu choro quando quiser" ou "não me importo em ser uma mulherzinha", e realmente sente sua rebeldia. Enquanto estiver desempenhando a parte "não chore" pode sentir seu desprezo por pessoas que se comportam como efeminados. E, todavia, um ou dois minutos depois, pode sussurrar, simpaticamente: "Não chore". Nesse momento, a catexis negativa — pessoas que choram são bobas e efeminadas — passa a ser uma catexis positiva — sofro pelas pessoas que choram — e fica aberto o caminho para a integração. Talvez agora ele experiencie seu "deixe-me sozinho" como "não interrompa meu choro pela razão errada, porque eu sou efeminado. Interrompa-o porque se sente triste por mim". E a sessão poderia se encerrar, finalmente, com a necessidade de confluência — "Choro porque tenho que deixá-lo, mas não quero que você veja; não quero mostrar o quanto preciso de você."

Encontramo-nos agora de volta onde começamos. Retornamos à falta de autoafirmação do paciente. Mas há uma grande diferença. O paciente agora não é mais miserável, como diria Freud, porque está neurótico por razões humanas. Em nossa linguagem, diríamos que agora ele nao está mais preocupado com suas dissociações, dores de cabeça, mas consigo mesmo. Ele está, neste momento, inteiramente unificado, infeliz em sua solidão. Mas a expressão se dá conta inteiramente dela, e agora pode estar pronto para dar o próximo passo para tomar responsabilidade por ele e para fazer algo com ele.

Quando o paciente vem pela primeira vez ao consultório, carregando consigo sua dor de cabeça, certamente

IR E VIR, PSICODRAMA E CONFUSÃO 107

não estava em contato com o terapeuta. Oferecia para um contato sua dor de cabeça como os outros mostram uma máscara ou uma fachada. O paciente não se separará desta máscara enquanto seu sentimento de segurança por trás dela não for maior que o desconforto de usá-la, e certamente objetará a tê-la retirada de seu rosto. O fato de que ele tenha trazido sua dor de cabeça para terapia significa que ele estava pronto para reconhecer uma situação não resolvida; neste aspecto ele está de acordo com o terapeuta. É como se dissesse: "Faça-me sentir-me tão bem que eu não precise deste sintoma ou máscara ou persona ou couraça." Mas o terapeuta não poderia fazê-lo se sentir bem, pois o paciente não estava em contato com ele, mas com seu sintoma, a dor de cabeça.

Este é um bom exemplo de como trabalhamos com os sintomas psicossomáticos de um modo geral. Apesar da interrupção estar ocorrendo ao nível somático, onde aparece neste caso como uma dor de cabeça, temos que completar o quadro, descobrindo a fantasia que promove a interrupção. Descobrimos, invariavelmente, quando fazemos isto, que o paciente fantasiará alguma ordem que é oposta a seu pedido. Neste caso, o pedido era "deixe-me sozinho". As ordens eram "não chore" e "um homem não chora" e "não seja mulherzinha!" Poderia, inclusive, existir uma ordem reforçada por uma ameaça: "Se você não parar de chorar vou lhe dar uma razão para chorar!" Em outras palavras, o paciente se comporta como se alguém lhe estivesse ordenando interromper suas lágrimas. Sejam quais forem as frases que o convenceram no passado, elas agora são suas, e ele as fantasia e lhes obedece.

Podemos lidar com estas ordens sem sondar o inconsciente, pois temos possibilidades, uma vez atingido este ponto. Ou o paciente se dá conta de que está fazendo a si mesmo exigências inibidoras, o que costuma ser o caso, ou não se dá conta. No último caso, ele se dará conta das exigências, mas como uma projeção, supondo que o terapeuta é quem é contra seu choro. Quando reúne forças para irromper no "deixe-me só", ele pode tomar posição contra a contraexigência, quer a localize como uma parte de seu próprio antissi-mesmo (uma introjeção), quer a localize no terapeuta, como o frustrador de seus sentimentos espontâneos. Se ele a localiza no terapeuta, o próximo passo (que, de novo, nada tem a ver com o inconsciente) é tomado quando o paciente vê o paradoxo

108 A ABORDAGEM GESTÁLTICA

de acusar o terapeuta de querer interferir em seu choro, ao mesmo tempo que enxerga a possibilidade de que o terapeuta tenha estado a favor dele. Se o terapeuta não tomou posições nesta controvérsia, que é, afinal de contas, do paciente, este descobrirá por si mesmo o absurdo de fazer o terapeuta responsável por suas interrupções, e verá os sintomas como sua própria responsabilidade. E assim, quando chega o final da sessão, o paciente está em *contato consigo mesmo*, e este é o primeiro passo para entrar em contato com os outros.

Você deve ter notado que na dissolução da dor de cabeça fizemos uso de algumas das descobertas de Reich. Não quero entrar na violenta controvérsia sobre Reich, ou na controvérsia igualmente aguda sobre Hubbard, mas neste ponto quero dizer que descobri que seu trabalho em certas áreas é valioso como um auxiliar à técnica da conscientização. Não obstante possam ter-se perdido, os trabalhos de Reich com as interrupções motoras (a dor de cabeça, por exemplo) e os trabalhos de Hubbard sobre o retorno sensorialmente experienciado (o episódio do bar, por exemplo) e com interrupções verbais pode prover o terapeuta com instrumentos extremamente úteis para a restituição das funções do si-mesmo.

O retorno sensorialmente experienciado não é novo. Este método foi descrito há mais de uma década, usando o procedimento de pedir ao paciente para preencher cada vez com mais detalhes a experiência realmente visualizada. Isto é reexperienciar ao nível da fantasia. Na preocupação com as interrupções verbais, a ideia de repetição também foi extensamente usada. Repetir exaustivamente as máximas significativas do passado, que na realidade fazem parte das introjeções do paciente, pode ter também um efeito terapêutico. Estas máximas, aparentemente, tiveram um profundo efeito no paciente, como vimos no caso daquele com dor de cabeça. No entanto, discordo de Hubbard na crença de que estas máximas têm seu efeito, não através da experiência traumática, mas por sua intrusão na vida diária do paciente.

Há uma desvantagem em qualquer destas técnicas; o paciente já deve ser capaz de se expressar num determinado grau. E, para o psicodrama, deve ser capaz de se identificar com um papel que não goste. Mas mesmo que as técnicas só nos forneçam uma experiência de investi-

IR E VIR, PSICODRAMA E CONFUSÃO 109

gar as resistências do paciente, pela técnica de autoexpressão, elas são muito úteis.

Outra técnica terapêutica importante é a abordagem das áreas de confusão via interrupções manifestas. A confusão é um apoio ruim para o contato, e o problema do paciente geralmente se manifesta em suas áreas de confusão. Entretanto, antes que eu discuta como esta técnica funciona, quero dizer que a experiência de confusão é muito desagradável e, como na ansiedade, vergonha e desgosto, temos um desejo forte de aniquilá-la, pela evitação, pelo verbalismo ou por qualquer outro tipo de interrupção. E uma grande parte da luta contra a neurose ainda é ganha simplesmente se ajudando o paciente a conscientizar-se, a tolerar e a ficar com sua confusão e com seu vazio correlato. Embora a confusão seja desagradável, o único perigo real é interrompê-la e consequentemente ficar confundido na ação. Porque a confusão, como qualquer outra emoção, se deixada sozinha para se desenvolver sem interrupções, não continuará sendo confusão. Será transformada num sentimento vivenciado mais positivamente e que possa produzir a ação apropriada.

A confusão está, geralmente, associada com uma falta de compreensão, acompanhada de uma necessidade de entender. A única garantia real de libertação total da confusão é a despreocupação completa com a compreensão. se eu estiver num grupo de pessoas que falam sobre alta matemática e sinto falta de interesse, é possível me retirar: "Não é assunto meu." Mas se por esta ou aquela razão fico interessado, meu conhecimento limitado da matéria é capaz de me tornar confuso. A confusão, em outras palavras, usualmente resulta de um esforço em fazer contato numa área em que, por qualquer motivo, o contato não é possível — talvez não haja compreensão suficiente para apoiar um bom contato, talvez não haja interesse bastante, mas há uma necessidade de mostrar interesse. A maior parte das pessoas tenta lidar com suas confusões, devido a serem tão desagradáveis, interrompendo-as com especulações, interpretações, explicações e racionalizações. Este é o modelo de muitos neuróticos, e especialmente intelectuais. E é bastante encorajado por certas formas de terapia. Muito da análise freudiana, por exemplo, é baseada no erro de que conhecimento simbólico, intelectual, é igual à compreensão. Mas tal conhecimento é, comumente, ele mesmo uma interrupção, uma prisão prematura do desenvolvimento,

110   A Abordagem Gestáltica

trazendo atrás de si um rastro de confusão existencial. Em troca, isto contribui para uma falta de autoapoio, à necessidade de apoio externa e ao desenvolvimento de uma orientação estreita, vinda do ambiente e não do indivíduo.

Embora se tenha dado considerável atenção ao fator confusão no trato com a psicose, pouca atenção se deu a seu papel na neurose. Todavia, cada paciente em terapia é, ele mesmo, uma imagem de confusão. E o terapeuta não pode deixar de ver isto, se ele for simplesmente observar o que está se passando bem no seu nariz. Cada "hum" e "ah", cada interrupção de uma frase, cobre uma área de confusão pequena ou grande. Cada uma é uma tentativa de fazer e manter *contato*, que é a necessidade real do paciente para fazer *fuga*.

Quando o paciente aprender a aceitar o fato de que ele tem áreas de confusão, estará querendo cooperar com o terapeuta. Se ele retornar às brechas em seu discurso poderá desencavar muita material que fica vazio ou posto de lado durante sua interrupção. Embora, frequentemente, este material vá ser irrelevante, fornece todos os tipos de chaves úteis para o que o paciente está fazendo ao nível de fantasia. Pois durante estas épocas de confusão ele está metido num comportamento motor enfraquecido (todo escondido sob o nome coletivo de pensamento) e muito da atividade que se perde no comportamento diário e que constitui alguns dos dilemas não resolvidos de sua neurose pode ser encontrado escondido naquelas fendas, justamente aqui e agora.

Deixem-me mostrar uns poucos exemplos de como isto funciona na prática. O vazio, como disse antes, é o correlato da confusão. É uma interrupção da confusão, o esforço para liquidá-la completamente. Vemos isto quase sempre ao lidar com o problema da visualização e da imaginação visual, áreas de cegueira, ou de pontos quase cegos para muitos pacientes.

Se pedirmos a um paciente para visualizar algo, ele pode nos dizer que suas imagens fantásticas estão nebulosas. Quando lhe pedimos para continuar, ele poderia contar que elas são como se estivessem numa nuvem ou num nevoeiro. O terapeuta considera este nevoeiro ou nuvem como sendo um autoconceito, uma estrutura de caráter, um sistema de verbalizações. Aparentemente o paciente tem que colocar um anteparo de fumaça ao redor de suas imagens e envolvê-las numa nuvem. E o

IR E VIR, PSICODRAMA E CONFUSÃO   111

terapeuta não seria iludido pela queixa do paciente de que gostaria de ser capaz de visualizar claramente. Embora esta seja, sem dúvida, uma verdade, não é a estória toda. Podemos admitir que ele deve ter pelo menos algumas áreas onde tem que se impedir de olhar, ou não se daria ao trabalho de construir para si uma fantasia de meio cego. Se o paciente puder ficar em seu nevoeiro por tempo suficiente, se desanuviará.

Tomemos o caso em que o nevoeiro clareou para um cinza-esbranquiçado, que o paciente relatou ser como um muro de pedras. O terapeuta perguntou ao paciente se ele podia fantasiar que subia no muro. E quando o paciente o fez, contou que do outro lado havia verdes pastagens. O muro fechava a cela do paciente, ele era um prisioneiro.

Por outro lado, nosso paciente pode ter um vazio completo. Vê preto. Suponhamos que ele descreva a escuridão como uma cortina de veludo preto. Agora temos nosso paciente e um arrimo. Podemos lhe pedir para fantasiar que abre a cortina. E com frequência ele descobrirá atrás dela o que ele escondia de si mesmo. Talvez sua escuridão seja literalmente nada, uma cegueira. Podemos ainda tomar alguma direção pedindo-lhe para desempenhar o papel de cego.

O passo final ao se lidar com as áreas de confusão é uma experiência misteriosa, que se aproxima do milagre quando ocorre pela primeira vez. Eventualmente, sem dúvida, se torna uma rotina garantida. Nós a chamamos de *fuga para o vazio fértil*.

Para ser capaz de fugir para o vazio fértil devem ser obtidas duas condições. A pessoa deve ser capaz de permanecer com sua própria técnica de interrompê-la. Então pode entrar no vazio fértil, que é um estado um tanto semelhante a um transe, mas ao contrário deste vem acompanhado de um estado de completa conscientização. Muitas pessoas têm a experiência antes de dormir, e o fenômeno foi descrito como alucinação hipnagógica.

A pessoa que é capaz de ficar com a experiência do vazio fértil — experienciando sua confusão ao máximo e que pode se dar conta de tudo que chame sua atenção (alucinações, frases interrompidas, sentimentos vagos, sentimentos estranhos, sensações peculiares) está apta a uma grande surpresa. Terá provavelmente uma experiência de "aha"; subitamente achará uma solução; um

112   A Abordagem Gestáltica

insight que não ocorreu antes, uma deslumbrante luz de realização ou compreensão.

O que acontece no vazio fértil é uma experiência esquizofrênica em miniatura. Isto, sem dúvida, poucas pessoas podem tolerar. Mas aqueles que tiverem confiança, tendo superado com sucesso algumas das áreas de confusão e havendo descoberto que não ficam completamente em pedaços no processo, adquirirão coragem suficiente para ir até seus porões e voltar mais sadios do que quando foram. A parte mais difícil de toda a experiência é se abster de uma intelectualização e verbalização do processo que se desenvolve. Pois isto seria uma interrupção e colocaria aquele que experimenta na posição de estar dividido entre o observador que explica e o executor que vivencia. A experiência do vazio fértil não é nem objetiva nem subjetiva. Nem é introspecção. Simplesmente é. É dar-se conta sem especulação sobre a coisa que se percebe.

Os extremos de reação à ideia do vazio fértil podem ser tipificados no intelectualizador, por um lado, e por outro lado no artista. O primeiro diria: "Você ficou subitamente louco? Isto é um despropósito!" Mas o último provavelmente saudaria a ideia deste modo: "Por que tanta excitação? Passei a maior parte da vida neste estado. Se estou trabalhando e fico confuso, só relaxo ou tiro uma soneca e lá se vai o bloqueio."

A meta de consultar o vazio fértil é basicamente desconfundir. No vazio fértil, a confusão é transformada em claridade, a urgência em continuidade, interpretação em vivência. O vazio fértil aumenta a autoafirmação, tornando-a aparente para aquele que percebe que tinha muito mais potencial do que acreditava.

Voltemos por um momento a abordar as áreas de confusão, através das interrupções nas quais elas mesmas se manifestam. Mesmo neste trabalho, podemos operar com sucesso, durante um período de tempo limitado. Três minutos seria em geral toda a área que poderíamos cobrir e recuperar *in toto* se usássemos um microscópio mental. Fica muito bem para os freudianos exigir uma recuperação de todo o período de vida como o objetivo da psicanálise, mas tente experimentar por si mesmo e veja se você pode recuperar exatamente o que você ou alguém mais disse ou fez há apenas uns minutos atrás. Há, sem dúvida,

---

[1] Este *insight* é uma contribuição de meu colega, o dr. Paul Weiss.

IR E VIR, PSICODRAMA E CONFUSÃO 113

pessoas que podem fazê-lo. São o tipo a quem Jaensch chamou de pessoas eidéticas. Goethe era um destes tipos. Estas pessoas registram com fidelidade fotográfica, num nível pré-semântico. Registram tudo que sentem, significativo ou não, e, consequentemente, podem fazer uso de todas as suas recordações quando quiserem.

Todos os demais, e somos a maioria, podemos restaurar bastante da faculdade eidética perdida, através do vazio fértil e outros meios de eliminar as interrupções e vazios. Tem-se apenas que considerar que cada um de nossos pacientes tem seu próprio estilo, sua própria natureza. As interrupções de nossos pacientes aparecerão em seus testes de Rorschach, sua caligrafia, seu comportamento. Elas se manifestarão nos menores detalhes do pensar e do sentir. Se mudarmos a atitude do paciente em relação ao comportamento de interromper que ele apresenta no consultório, sua atitude mudada eventualmente se expandirá e abarcará seu estilo, natureza, seu modo de vida. Seu comportamento aqui e agora é um corte microscópico de seu comportamento total. Se ele vir como é estruturado o seu comportamento na terapia, verá como o estrutura no cotidiano.

7 QUEM ESTÁ OUVINDO?

Quando o paciente vem ao consultório pela primeira ou pela vigésima vez, traz consigo todos os problemas não resolvidos do passado. Todavia, desta multiplicidade de eventos possíveis, ele traz um de cada vez para o primeiro plano. Confusas como estão suas formações de Gestalt, mesmo que possuam forma e organização, se estivessem profundamente fragmentadas ele não poderia operar de modo nenhum. O que o paciente traz para primeiro plano é sempre ditado pelo impulso de sobrevivência prevalecente que funciona na época. Embora a conexão seja geralmente remota, é nossa função na terapia determiná-la. Frequentemente descobrimos que esta necessidade dominante é de segurança ou de aprovação do terapeuta. Expusemos com detalhes a linha específica de nossa escola: que o paciente vem pedindo ajuda, e para ele ajuda significa apoio ambiental, uma vez que lhe falta autoapoio.

A explicação acima parece ter se aproximado de atingir a meta mais que qualquer outra. Não podemos, porém, em qualquer caso específico, saber se é verdadeira, a menos que o paciente a exponha para nós convincentemente. Visto que o objetivo da terapia deve ser relacionado com a experiência que o paciente tem de suas necessidades, e visto que ele pode não experienciar suas necessidades desta forma, talvez devêssemos falar em termos de um objetivo ainda mais geral, com o qual concordam todas as escolas de psicoterapia; a psicoterapia bem-sucedida libera no paciente a habilidade de abstrair e de integrar suas abstrações.

Para fazer isto, o paciente deve atingir seus "sentidos". Deve aprender a ver o que há, e não o que imagina que

Quem Está Ouvindo? 115

exista. Deve parar de alucinar, transferindo e projetando. Deve parar de retrofletir e de se interromper. Deve liberar suas faculdades semânticas. Deve entender-se e aos outros, e parar de torcer e distorcer os significados através das lentes desfocadas da introjeção, preconceitos e convicções. Então adquirirá liberdade de ação (que é parte da saúde), transcendendo os limites de sua natureza específica e aprendendo a lidar com cada nova situação como uma situação nova, e a lidar com ela usando todo seu potencial.

Uma vez que as abstrações do terapeuta são ditadas por suas próprias interrupções e pelas coisas que ele procura no paciente, como pode ele se dispor a ajudar? Idealmente, o terapeuta deveria agir em cumplicidade com as exigências dos sábios orientais: "Torne-se vazio para que você possa ser preenchido", ou com a recolocação daquele conceito de Freud, exigindo que a atenção do terapeuta seja flutuante e ele mesmo livre de complexos.

Mas tal terapeuta ideal não existe — e não estou certo de que seria de alguma ajuda se existisse. Pois seria uma máquina registradora e computadora, não um ser humano. Seria livre de problemas secretos ou pessoais, preferências e limitações. Resumindo, ele seria livre de si mesmo. Se ele estivesse genuinamente incomodado por uma dor de dente, por exemplo, seria de esperar que ele colocasse sua dor entre parênteses e liberasse sua atenção inteiramente para o paciente.

Na vida real, o terapeuta de carne e osso inevitavelmente manifestará sua própria personalidade e seus próprios preconceitos na situação terapêutica. Os associacionistas procurarão associações, isto é, conteúdo verbal e ilustrado. Os condutistas procurarão operações verbais e motoras. Os moralistas procurarão atitudes boas e más. Os gestaltistas procurarão situações resolvidas e não resolvidas.

Quanto mais o terapeuta confia em suas convicções e preconceitos, mais dependerá da especulação para ter uma ideia do que se passa com o paciente. Embora muitas destas especulações psiquiátricas tenham sido aceitas tão amplamente que assumiram quase a característica de reflexos — o símbolo fálico escondido em cada corpo alongado, por exemplo — mantém-se inalterado o fato de que são especulações e abstrações fixas, como as abstrações estáticas do neurótico. Como tais, impedem o terapeuta de ver qualquer coisa distinta.

116   A ABORDAGEM GESTÁLTICA

Em outras palavras, tudo o que dissermos sobre as interrupções do paciente, suas abstrações estáticas etc., se aplica em menor grau ao terapeuta. Não há nem uma diferença qualitativa definida entre os dois, nem há absoluta igualdade. Há uma hierarquia de maior ou menor independência da neurose. Em nossas sessões de grupo terapêutico, geralmente encontramos dois pacientes desempenhando uma *folie à deux*, e invariavelmente ocorre que aquele com menos necessidade de apoio ambiental (em outras palavras, o menos neurótico) será o terapeuta — isto é, ele facilitará o desenvolvimento do outro — mesmo que este outro tencione desempenhar o papel de terapeuta.

Se o terapeuta tem uma forte necessidade de poder muito grande, não acompanhará o paciente para que este atinja a autoafirmação, mas, ao contrário, o impedirá até de tentar atingi-la. Se ele necessita do apoio de teorias rígidas para compensar sua falta de autoafirmação, esmagará o paciente, atribuindo qualquer diferença de ponto de vista à resistência. Se o terapeuta for profundamente retraído, falará de relações interpessoais, mas não atingirá o paciente.

Em todos estes casos, e em muitos outros, que são possibilidades, ele, na realidade, cairá nas manipulações do paciente, porque não se dará conta da aceitação superficial de seus pedidos e interpretações, não produzirá mudanças no seu comportamento.

Usualmente, há três caminhos para o terapeuta, independentemente de sua linha ou abordagem teórica. Um é a simpatia ou envolvimento no campo total — dar-se conta de ambos, do si-mesmo e do paciente. Outro é a empatia — um tipo de identificação com o paciente que exclui o próprio terapeuta do campo, portanto exclui meio campo. Na empatia o interesse do terapeuta se centra exclusivamente em torno do paciente e suas reações. O terapeuta ideal que mencionei anteriormente é um empático. Por último, há a apatia — desinteresse — representada pela velha piada psiquiátrica, "quem ouve?".* Obviamente a apatia não nos leva a lugar algum.

---

* O autor parece referir-se à piada sobre o jovem terapeuta que ao encontrar o colega experimentado, ainda com boa aparência no final de um dia de trabalho, pergunta: "Como consegue ter esse bom aspecto depois de ouvir tantos problemas o dia inteiro?" A resposta do velho terapeuta é: "Mas quem os ouve"? (N.T.)

Quem Está Ouvindo?   117

A maioria das escolas psiquiátricas, em sua busca de um terapeuta ideal, procura que ele seja empático. Isto fomenta, parcialmente, fora de seu pré-campo, a abordagem dualista. Mas mesmo assim, há uma boa razão para a redução de simpatia a empatia. Se o terapeuta for simpático com seu paciente, pode se inclinar a dar ao último todo o apoio ambiental que ele quer, ou tornar-se defensivo e sentir-se culpado se não o fizer. Os terapeutas, em geral, têm experiências em que ficam envolvidos demais com as técnicas manipulatórias de seus pacientes; não compreendem a natureza tremendamente sutil das técnicas manipulatórias do paciente. Nestes casos, a terapia pode ser malsucedida. Pois para conseguir a mudança de apoio externo para autoapoio o terapeuta deve frustrar as tentativas do paciente de conseguir apoio ambiental. Isto ele não pode fazer se a simpatia o cega para suas manipulações.

Todavia, se o terapeuta se contém em si mesmo na empatia, priva o campo de seu principal instrumento, sua intuição e sensibilidade dos processos que ocorrem no paciente. Deve, então, aprender a trabalhar com simpatia e ao mesmo tempo com frustração. Pode parecer que estes dois elementos são incompatíveis, mas a arte do terapeuta é fundi-los num instrumento efetivo. Ele deve ser duro para ser bondoso. Deve ter uma percepção abrangente da situação total, deve ter contato com o campo total — tanto de suas próprias necessidades e reações às manipulações do paciente quanto das necessidades e reações do paciente ao terapeuta. E deve sentir-se livre para expressá-las.

Realmente, se examinar por um instante esta proposição, você verá que ela se aproxima, mais que qualquer outra abordagem, da intenção de tornar o consultório um microcosmo da vida. Em nossas relações diárias com as pessoas, se elas não estiverem sombrias pela hostilidade e outros problemas não resolvidos, esta é a situação que se obtém. Uma relação verdadeiramente satisfatória e saudável entre quaisquer duas pessoas exige de cada uma a habilidade de misturar simpatia com frustração. A pessoa saudável não desconsidera as necessidades dos outros nem permite que as suas sejam desconsideradas. Nem fica ressentida com a afirmação que o companheiro faz de seus próprios direitos.

Sem dúvida, o outro procedimento terapêutico da empatia é também semelhante a uma situação real de vida. Mas a fraqueza é que é precisamente como aquelas si-

118   A ABORDAGEM GESTÁLTICA

tuações que engendram e fortalecem o desenvolvimento neurótico. Pode não haver contato verdadeiro na empatia. Na pior das hipóteses ela se torna confluência. O que dizer do terapeuta cujo enfoque é consistentemente frustrante? Ele está duplicando as situações de interrupção constantes que o paciente incorporou a sua própria vida e que se mostram como neuroses.

Apenas com a simpatia, o terapeuta se transforma no paciente; se estivéssemos falando em termos antiquados, diríamos que ele mima o paciente. Apenas com a frustração o terapeuta se torna o ambiente hostil, com o qual o paciente só pode lidar de um modo neurótico. Em qualquer dos casos o terapeuta não dá ao paciente incentivo para mudar.

Na simpatia, como em todas as formas de confluência, a barreira de contato está ausente. O terapeuta se torna de tal forma no paciente que não pode ter qualquer perspectiva dos problemas do último. Está tão completamente imerso no campo que não pode ser testemunha deste. Conheci terapeutas que tinham necessidades tão fortes de servir de mãe e ajudar que viviam em confluência com seus pacientes. É bastante surpreendente que tenham sido tão admirados. Seus pacientes dependem completamente deles e, desse modo, não poderia ocorrer nenhuma mudança decisiva. Se houver identificação demasiada, o terapeuta só pode frustrar o paciente quando puder se frustrar a si mesmo. E isto nada representará naquelas áreas de confusão e de crise que são importantes para a produção da neurose.

Há uma exceção. A técnica empática, não frustradora, é útil na fase inicial do tratamento da psicose. Alguns terapeutas, em especial Fromm-Reichmann, Rosen e Steinwants, usam precisamente esta abordagem. Suas intuições das vontades do paciente e sua habilidade para fazer contato é grande. E no caso da psicose, a frustração já está presente no paciente em tão alto grau, que o terapeuta não precisa provocá-la. Seu contato com o paciente pode, por si só, facilitar a transformação para o apoio. Mas primeiro o paciente tem que começar a conscientizar-se e, se possível, a desenvolver suficiente autoestima, a partir da comunicação para habilitá-lo a expressar suas necessidades, embora possa falar numa linguagem incompreensível para a maioria de nós. No trato com psicóticos, temos muito cuidado ao usar frustração demais. Também tomamos o

Quem Está Ouvindo? 119

cuidado de deixar que eles e seu comportamento — mais que nossas fantasias e teorias sobre psicose — nos guiem. Uma demonstração de terapia gestáltica foi feita numa grande instituição mental, com uma paciente que esteve, por muitos anos, em estado catatônico crônico. Ninguém e nada era capaz de atingi-la. Quando se comunicava, tudo que dizia era que não sentia nada. Notei, quando comecei a trabalhar com ela, que havia um pequeno sinal de água em seus olhos. Visto que isto poderia ser indicador de um desejo de chorar, perguntei à paciente se ela poderia repetir, várias vezes, a frase "não vou chorar". (Esta técnica de repetição já foi mencionada.) A paciente estava quase concordando. Ela sussurrou a frase várias vezes — sem tonalidade, sem expressividade, monotonamente. Observei, no entanto, que enquanto repetia mecanicamente a frase ela batia o braço de encontro aos quadris. E então lhe perguntei o que lhe lembrava aquele movimento. Aí ela irrompeu a falar.

"É como uma mãe batendo numa criança... tudo que minha mãe pode fazer é rezar por mim."

"Você pode rezar por você?", perguntei-lhe.

Mais animada que no início da sessão, mas ainda bastante apática, ela começou a repetir algumas orações. Isto continuou por algum tempo. As preces ora eram inteligíveis, ora desconexas. Mas, de repente, ela gritou, suplicante, "Deus me dê saúde!" E começou a chorar copiosamente.

Esta foi a primeira vez que ela demonstrou qualquer emoção. Mas o que é ainda mais importante, sua oração era uma forma de autoexpressão. Era, pela primeira vez, uma afirmação de suas necessidades. Foi uma abertura para si própria. E assim como o neurótico ao transformar a repressão ou resistência em autoexpressão demonstra algum grau de autoafirmação — assim esta psicótica começou a descobrir, em suas explosões, que tinha, no mínimo, algum apoio disponível dentro de si para tornar conhecidas suas necessidades.

A abordagem completamente frustradora e a atitude sádica são, na realidade, os recursos daqueles terapeutas que, com temor à contratransferência e amedrontados por seus próprios sentimentos, se mostram ao paciente com a fisionomia impassível. Eles o negariam veementemente, mas frustram o paciente através de sua apatia.

Podemos chamá-los de sádicos? O sadismo pode ser definido como uma crueldade desnecessária. Mas esta

120 A Abordagem Gestáltica

definição soa como uma formulação imprecisa. Não será desnecessária toda a crueldade? Aparentemente não. Os animais se matam uns aos outros, e nós mesmos matamos bois e porcos para comer. Na verdade, o homem urbano, alimentado por enlatados, vive quase afastado das crueldades primitivas da vida; ele substitui os horrores do matadouro e da selva pelos filmes de terror e de Mickey Spillanes. Ferir como um padrão fixo de fazer contato é sadismo, mas ferir como um meio ou um significado pode ser benéfico. Ferimos nossos filhos quando negamos seus pedidos exagerados. Somos cruéis para sermos bondosos; este é essencialmente o significado de máximas como "Vara poupada, criança estragada", embora em sua aplicação na prática não seja sempre fácil distinguir o quanto isto pode ser uma racionalização para encobrir a satisfação sensual de bater, o que sem dúvida seria sadismo.

Parece ser frustração necessária, e portanto sadismo, impor sofrimento inútil ao paciente na terapia. Há muitos terapeutas que apresentam a seus pacientes listas imensas de "não farás". Forçam neles tabus de abstenção, culpam-nos por suas resistências. Se o terapeuta tem uma forte necessidade de poder, suas razões para fazer essas exigências são sádicas. Mas em geral não se trata disto. Usualmente o terapeuta acredita, de boa fé, que limitando o comportamento do paciente fora do consultório reduz a frustração que sofrerá o paciente. Aqui ele comete um erro. Estas frustrações estão, de qualquer forma, fora de controle; se não estivessem o paciente não estaria em terapia. E não transformamos o apoio ambiental em autoafirmação aumentando as frustrações na vida diária de nossos pacientes. O que frustramos é sua tentativa de nos controlar com suas manipulações neuróticas. Isto o força a ficar novamente só com seus próprios recursos e a desenvolver autoafirmação. Então, podemos dirigir sua prática manipulatória para a satisfação de suas necessidades reais.

O paciente excessivamente frustrado sofrerá, mas não crescerá. E descobrirá, com a intuição perspicaz e visão distorcida do neurótico, todos os tipos de maneiras para evitar a frustração de longo alcance que o terapeuta lhe impõe.

Mas a frustração deve ser usada. Tive um paciente que só tinha três meses para fazer uma terapia; ao fim deste período deveria deixar a cidade. Se neste caso foi o trabalho preparatório de outros terapeutas, ou a pressão

Quem Está Ouvindo? 121

do tempo, ou minha própria experiência e as técnicas da terapia gestáltica que produziram importantes resultados nele, não sei dizer. Mas ocorreram melhoras inegáveis. E foram tão aparentes que o paciente saiu sentindo que eu era um milagreiro.

Quando ele apareceu pela primeira vez, era quase mudo. Sentia-se fraco e incapaz; sentia que tinha que fugir das pessoas — não podia desenvolver qualquer tipo de conversa e sofria verdadeiros tormentos se tivesse que estar em qualquer tipo de situação social. Além disso, tinha um sistema de projeções consideravelmente completo; sentia-se perseguido e estava convencido de que os outros pensavam que ele era um homossexual.

As primeiras seis semanas de terapia — mais da metade do tempo disponível — foram gastas em frustrá-lo em suas tentativas desesperadas de me manipular, fazendo com que eu lhe dissesse o que fazer. Ele ficava, alternativamente, queixoso, agressivo, mudo, desesperado. Tentava todos os artifícios que estão no livro. Ele jogava para cima de mim, várias vezes, a barreira do tempo, tentando me responsabilizar por sua falta de progresso. Se eu tivesse cedido a seus pedidos, indubitavelmente, ele teria sabotado meus esforços, me exasperado, e permanecido exatamente como era.

Um dia ele veio se queixando de que se comportava como um bebê. Então eu sugeri que ele desempenhasse o papel de bebê, fantasiando todas as satisfações que poderia tirar disto. Daí para a frente, seu progresso foi enorme. Ele desempenhou, com enorme satisfação, todas as fases de seu desenvolvimento, desde a infância até a adolescência. Ele reviveu e expressou grande número de eventos perturbadores e de situações não resolvidas. No momento do término dos três meses, ele havia atingido um ponto em que, tendo adquirido satisfação nas áreas que tinham sido frustradas anteriormente, ele era capaz de procurar novas satisfações e autoestima.

Quero demonstrar aqui que não pode ocorrer qualquer desenvolvimento antes que o paciente adquira satisfação em todas as áreas nas quais está confuso, vazio ou paralisado. E o pré-requisito para a total satisfação é o sentido de identificação do paciente com todas as ações das quais ele participa, inclusive suas autointerrupções. Uma situação só pode ser terminada — o que significa que a satisfação total só pode ser adquirida — se o pa-

122 A ABORDAGEM GESTÁLTICA

ciente estiver totalmente envolvido nela. Visto que suas manipulações neuróticas são meios de evitar o envolvimento total, elas devem ser frustradas.

Por esta razão, o procedimento analítico e catártico é tão insuficiente quanto o procedimento baseado na tentativa do terapeuta de uma integração interpretativa. No primeiro caso, unicamente com a descarga catártica, não há transformação da emoção em ação, em autoexpressão e integração. Pelo contrário, a energia que sustentará as funções de contato é drenada e o equilíbrio de poder fica a favor da autoimagem. No segundo caso, embora o fato de considerar seu comportamento significativo afaste grande parte da confusão do paciente, terapia de subtração — retirando sintomas e a confusão — não desenvolve a autoestima que precisamos para fazer e compreender nossas escolhas existenciais. O paciente pode se "entender" completamente, mas é incapaz de fazer qualquer coisa por si mesmo.

A terapia gestáltica estabelece o postulado básico de que falta ao paciente autoapoio, e que o terapeuta simboliza o si-mesmo incompleto do paciente. O primeiro passo na terapia, portanto, é descobrir o que o paciente necessita. E se ele não é psicótico (e mesmo algumas vezes se ele o é, como no caso que foi descrito antes), o paciente se dá conta, parcialmente, de suas necessidades e pode, pelo menos parcialmente, expressá-las. Mas há algumas áreas nas quais ou o paciente não se dá conta de suas necessidades específicas ou é bloqueado para exigir o que quer. Geralmente, o terapeuta descobre que o paciente está com vergonha de fazer certos pedidos, com igual frequência descobre que o paciente está convencido de que a única ajuda válida que pode adquirir é a ajuda que é adivinhada e dada sem ser pedida. Geralmente ele não sabe como pedir ou está confundido sobre o que deseja de fato. Mas uma vez que possa expressar suas exigências, suas ordens, suas disposições e seus pedidos signifiquem direta e realmente o que diz, ele deu o passo mais importante de toda sua terapia. Em vez de esconder-se atrás de suas técnicas de manipulação neurótica, ele se mostra e se entrega a suas necessidades. O si-mesmo e o outro que dá apoio (o terapeuta) ficam agora claramente definidos e o paciente fica face a face com seu problema.

O imperativo é a primeira forma de comunicação. Vai desde o sinal primitivo até a rede mais intrincada de afir-

Quem Está Ouvindo?

mações objetivas altamente abstratas, que formam os sinais de per si, irreconhecíveis. Todavia, reagimos mesmo a estas como se fossem sinais puros e simples, imperativos e exigências. Houve uma época, não faz muito tempo, em que as formulações de Einstein, em que agora se acreditam, eram encaradas por muitos cientistas como uma provocação. Para eles, era como se Einstein tivesse dito: "Vejam o que eu descobri. Eu os desafio a aceitá-lo ou derrubá-lo."

Para o neurótico faz toda a diferença do mundo se ele lida com o terapeuta através de insinuações implícitas ou através de exigências abertas, explícitas. No primeiro caso, ele tenta nos manipular para que sustentemos sua neurose, e não podemos cair nessa trama. No segundo caso, quando o paciente faz uma exigência explícita, ele já começou a clarificar e descobrir sua ausência de ser. Não devemos suprir os suplementos que ele procura, mas agora que começa a reconhecer suas necessidades ele começará a aprender como satisfazê-las por si mesmo.

Aqui, no entanto, temos que distinguir entre discurso expressivo e impressivo, isto é, entre discurso feito para dar vazão aos sentimentos e exigências de alguém, e discurso feito para produzir uma reação em outrem. E tais exemplos de expressão e impressão relativamente puras existem como extremos da escala de comunicação. Para expressar alegria, por exemplo, não precisamos de ninguém em volta para impressioná-lo com nosso estado. Mas para impressionar, precisamos de uma audiência e necessitamos dela urgentemente. Num discurso impressivo fazemos de tudo para conseguir atenção. Mesmo se não houver nada para expressar, daremos um passe de mágica ou revolveremos nossa memória à cata de assuntos apropriados.

A comunicação genuína não está em nenhuma das extremidades da escala. Funciona como um evento do campo; é uma preocupação, é real para ambos, o emissor e o receptor. A exigência primária — que é uma comunicação genuína — não é diferenciada em expressão ou impressão. Há um mundo de diferenças entre o grito angustiado do bebê ao qual uma mãe responde automaticamente, e o berro para chamar a atenção do pirralho mimado, ao qual a mãe poderia responder — mas com raiva, não preocupação.

O que há de errado em chamar a atenção? O "oi, oi" de quem grita na cidade, o "Shema-Israel" do judeu devoto, o

124 A ABORDAGEM GESTÁLTICA

"silêncio na corte de justiça", o "grito de socorro do afogado" — não estão todos buscando atenção?

A diferença entre esses casos e o bebê, por um lado,
e o exibicionista e o pirralho mimado, por outro, é como
a diferença entre a expressão genuína e a atitude "como
se". O pirralho mimado berra propositalmente e pode
substituí-lo a qualquer momento por um acesso de raiva
ou qualquer outra coisa que atrapalhe o que sua mãe está
fazendo. Ele está manipulando, mas não está comunicando sua necessidade real, que não é de atenção mas pode
ser uma fuga ao seu tédio. O bebê grita por algo para o
qual ainda não tem autoapoio, como o afogado. Mas o pirralho mimado grita por algo numa área em que já deveria
ter apoio próprio.

O genuíno imperativo corresponde à natural formação figura/fundo; aponta diretamente para a catexis positiva e para a catexis negativa. Kurt Lewin disse que o
objeto em catexis* tem um *"Aufforderungs character"*, isto
é, é provocativo, tem um caráter de exigência. O objeto
em catexis positiva exige atenção, o em catexis negativa
exige aniquilação. Para aniquilá-lo não temos, necessariamente, que destruí-lo. Se há alguém que o enfureça e o
irrite, você não tem que matá-lo, jogá-lo para fora da sala
ou fechar sua boca com fita adesiva. Você simplesmente
pede: "Saia daqui", ou "Cale-se".

O imperativo é, por natureza, o instrumento mais poderoso de moldar o indivíduo numa condição socialmente
necessária. Desde os tabus primitivos e os Dez Manda-
mentos até os pode e não pode da mãe, sua importância
nunca foi subestimada. Não há nada errado com o imperativo, *per se*; o problema começa se, por razões biológicas
ou psicológicas, o receptor for relutante ou incapaz de re-
ceber a mensagem. Esta é simplesmente outra formulação de nossa tese básica sobre a gênese das neuroses — a
neurose surge se estiverem presentes, simultaneamente,
imperativos sociais e pessoais que não podem ser atendi-
dos simultaneamente pela mesma ação.

Se a exigência e a coisa exigida são aceitáveis, a Gestalt está fechada. A exigência do bebê por uma mãe, o pedido de guia do inseguro, a responsabilidade aliviada por

---

* Para explicar sumariamente: a catexis é um termo usado por Freud para
designar a ligação de afeto com algum objeto externo — ligação positiva
ou negativa. (N.T.)

Quem Está Ouvindo? 125

ordens dadas ao soldado; são uma unidade, ficam bem como a mão na luva. São aceitas com desprendimento. Mas se houver uma resistência e, não obstante, o imperativo for atendido, temos ressentimento e neurose. Se, por outro lado, o imperativo assumiu o *status* de lei natural, "honrar pai e mãe", por exemplo, e apesar disso for rejeitado, ou temos criminalidade ou temos o sentimento de culpa neurótico.

O problema do neurótico comumente começa se, na infância, o imperativo for contra a natureza mas, não obstante, aceito de bom grado. Então a área de confusão simples ou dupla é criada, e qualquer decisão tomada leva ao desespero.

A ordem "não chore", por exemplo, quando há uma experiência genuína de tristeza, é uma confusão simples. Esta é composta se uma confusão semântica for adicionada a ela. Ordens do tipo "aja de acordo com sua idade" e "comporte-se", e outras que têm conotações extensivas deixam a criança profundamente confusa. O que é "agir de acordo com minha idade", o que é "me comportar"? Descobrimos, na experiência clínica, que as pessoas apegadas a detalhes foram geralmente confrontadas com tais exigências vagas em sua infância.

Não é exagero dizer que cada vez que o paciente integra as partes dissociadas de um evento neurótico, como um sintoma, e consegue levar a cabo um imperativo totalmente sentido — "deixe-me sozinho", por exemplo — ele superou uma área de confusão. Isto é algo que ele quis dizer por anos, mas seu padrão introjetado forçou-o a interromper sua expressão.

Mas agora a exigência do paciente é um verdadeiro imperativo. Expressa suas necessidades. É significativo para ele e para o terapeuta. O terapeuta pode e deveria fazer o que pode para satisfazer tais necessidades e exigências verdadeiramente sentidas, como a mãe faz o que pode para acalmar seu bebê que chora. Poderíamos repetir a abordagem terapêutica aqui apresentada e o uso terapêutico dos instrumentos de frustração e satisfação, dizendo que o terapeuta deve frustrar aquelas expressões de seus pacientes que refletem seu autoconceito, suas técnicas manipulatórias e seus padrões neuróticos. Deve satisfazer aquelas expressões do paciente que são verdadeiramente expressões do si-mesmo do paciente. Se ele espera ajudar o paciente a todo tipo de autorrealiza-

126 A ABORDAGEM GESTÁLTICA

ção, deve, por definição, desencorajar qualquer satisfação dos padrões que impedem a autorrealização (a neurose) e encorajar inibições do si-mesmo essencial que o paciente está tentando encontrar.

Isto, novamente, indica o grau em que, à medida que progride a terapia, a sessão terapêutica se torna mais e mais o ideal da vida cotidiana. À medida que aumenta a sua experiência de si mesmo, ele se torna mais auto-apoiado e mais capaz de fazer bom contato com os outros. A medida que ele afasta mais e mais suas técnicas neuróticas de manipulação, o terapeuta precisa frustrá-lo menos e menos, e fica cada vez mais capaz de ajudá-lo a obter satisfação. Como dissemos antes, o autoapoio é muito diferente da autossuficiência. Quando o paciente sair da terapia ele não perderá sua necessidade de outras pessoas. Ao contrário, pela primeira vez, ele derivará satisfações reais de seu contato com elas.

PARTE II

TESTEMUNHA OCULAR DA TERAPIA

NOTA DO EDITOR

Fritz Perls deveria ter começado a introdução deste livro com a advertência de que a "terapia gestáltica é um compromisso com o tédio". Muitos de nós que frequentávamos seus *workshops* nos acostumamos a ver o que pareciam ser curas milagrosas. Ficávamos exaustos pela sucessão de pessoas trabalhando na "cadeira quente"* e que eram subitamente liberadas de seus jogos de torturas autoimpostos. Em seus últimos anos, Fritz ficou cada vez mais cansado dessa milagreira de Lourdes. Num certo sentido, era uma apresentação para o público.

Fritz sabia que ele agora tinha uma audiência de estudantes sérios. Em seu livro proposto, *Testemunha Ocular da Terapia*, Fritz queria começar com transcrições textuais de filmes sobre o trabalho gestáltico introdutório. Queria que o estudante estudasse estes filmes e as transcrições detalhadamente. Não encarava seu trabalho como enigmático ou miraculoso. Acreditava que uma vez entendidos os processos gestálticos, estes milagres isolados voltariam a seu lugar. Esperava que estes filmes e livros desmistificassem o culto a Fritz Perls.

O objetivo deste livro é encorajar um estudo introdutório sério. Richard Bandler escolheu extratos amplamente autoexplicativos. Em livros posteriores, apresentará um trabalho gestáltico mais adiantado, que será acompanhado de comentários de Karl Huminston, Virginia Satir e outros terapeutas que viveram e trabalharam com Fritz Perls.

---

* Cadeira quente é o nome de uma das técnicas da terapia gestáltica. (N.T.)

130 TESTEMUNHA OCULAR DA TERAPIA

Há alguns problemas óbvios em se estudarem as transcrições sem o filme. Fritz colocou uma grande ênfase no tom de voz, inflexão e na comunicação não verbal. Os filmes são essenciais para estas dimensões. Há também um problema quanto à distorção de tempo. A palavra "pausa" pode representar dois segundos ou dois minutos, e lemos muito mais depressa do que falamos. Uma sessão de meia hora pode ser lida em cinco minutos. Todos esses fatores podem dar a ilusão de que a terapia gestáltica é instantânea e anular um objetivo maior deste estudo.

DR. ROBERT S. SPITZER
Editor-Chefe
Science and Behavior Books

8   A GESTALT EM AÇÃO

O que É Gestalt?

A ideia da terapia Gestalt é transformar pessoas de papel em pessoas reais. Eu sei que é uma tarefa ambiciosa. E fazer o homem inteiro de nosso tempo vir à vida, e ensiná-lo a usar seu potencial inato para ser, digamos, um líder sem ser um rebelde, tendo um centro ao invés de viver inclinado. Todas estas ideias parecem muito pretenciosas, mas acredito que é possível que possamos fazer isto agora, que não temos que deitar no divã por anos, décadas e séculos sem mudanças essenciais. A condição sob a qual isto pode ser adquirido é esta: de novo, tenho que voltar atrás e falar do meio social em que nos encontramos. Nas décadas precedentes o homem da sociedade viveu para o que é certo, e fez seu trabalho sem se importar se realmente queria fazê-lo ou se era talhado para ele. Mas toda a sociedade estava regida e regularizada pelo "deveria" (*shouldism*) e pelo puritanismo. Você tinha que fazer a sua parte, querendo ou não. Agora acredito que mudou todo o meio social. O puritanismo se transformou em hedonismo. Começamos a viver para a brincadeira, diversão, para estarmos ligados (*to be turned on*). Tudo dura enquanto é agradável. Também parece bom. Parece melhor que o moralismo. É, contudo, uma séria retirada. Quer dizer: tornamo-nos *fóbicos* em relação à dor e ao sofrimento. Deixem-me repetir isto. Tornamo-nos fóbicos em relação à dor e ao sofrimento. Qualquer coisa que não seja alegre ou prazerosa é evitada. Assim, fugimos de qualquer frustração que possa ser dolorosa e tentamos diminuí-la. E o resultado é uma falta de crescimento.

132   TESTEMUNHA OCULAR DA TERAPIA

Quando falo numa prontidão para ir ao encontro do desagradável, certamente não estou falando de uma educação para o masoquismo; pelo contrário, o masoquista é uma pessoa que tem medo da dor e se treina para tolerá-la. Falo do sofrimento que acompanha o crescimento. Falo de encarar honestamente as situações desagradáveis. E isto se acha muito ligado à abordagem gestáltica. Não quero, no entanto, falar demais no fenômeno da Gestalt. A principal ideia da Gestalt é a de que uma Gestalt é um todo, um completo em si, permanecendo um todo. Se desfizermos uma Gestalt, temos partículas e pedaços, e não mais um todo. Deparamo-nos com isto várias vezes. Deixem-me dizer que se você tiver três pedaços de madeira, aqui um, ali outro e ali outro pedaço, estes três pedaços de madeira são Gestalts muito pouco delineadas. Se você os reunir assim, então você vê, imediatamente, que há um triângulo, mas assim que você os separa, o triângulo desaparece e a Gestalt desaparece. Agora, na formação biológica de Gestalt, a Gestalt tem uma dinâmica que regula toda a vida orgânica.

A Gestalt quer ser completada. Se a Gestalt não for completada, ficamos com situações inacabadas, e estas situações inacabadas pressionam e pressionam, e pressionam e querem ser completadas. Digamos que você tivesse uma briga, você ficou com raiva, de fato, daquele rapaz, e você quer se vingar. Esta necessidade de se vingar vai remoê-lo e remoê-lo e remoê-lo até que você acerte as contas com ele. Assim, há milhares de Gestalts inacabadas. Como livrar-se destas Gestalts é muito simples. Estas Gestalts emergirão. Virão à superfície. Sempre as Gestalts mais importantes emergirão primeiro. Não temos que cavar à maneira de Freud, no inconsciente mais profundo. Temos que nos dar conta do óbvio. Se compreendermos o óbvio, tudo está lá. Cada neurótico é uma pessoa que não vê o óbvio. Assim, o que estamos tentando fazer na terapia gestáltica é compreender a palavra "agora", o presente, o dar-se conta e ver o que acontece no agora. E conhecer o agora o levará para qualquer lugar, de quatro semanas a vinte anos.

"Agora" é um conceito tão interessante e difícil porque por um lado você só pode trabalhar e adquirir algo se trabalha no agora e no presente. Por outro lado, logo que lhe faz uma exigência moralista, você vê, imediatamente, que é impossível. Se você tenta agarrar o agora, ele já se

A Gestalt em Ação

foi. É um tremendo paradoxo trabalhar no agora e ainda ser incapaz de permanecer ou até colocá-lo em foco.

O segundo ponto que tenho que abordar com vistas a nossa terapia é a palavra "como". Nos séculos que nos antecederam, perguntávamos "por quê". Tentamos descobrir causas, razões, desculpas, racionalizações. E pensamos que se pudéssemos mudar a causa mudaríamos os efeitos. Em nossa era eletrônica, não mais perguntamos por que, perguntamos como. Investigamos a estrutura, e quando compreendemos a estrutura, podemos *mudar* a estrutura. E a estrutura em que estamos mais interessados é a estrutura do enredo de nossa vida. A estrutura de nosso enredo de vida — geralmente chamado de carma ou destino — é principalmente confundida com autotortura, brincadeiras fúteis de automelhoria, posses etc. E então se encontram duas pessoas que têm enredos de vida diferentes e aí uma tenta forçar a outra a anular seu enredo de vida, ou, se deseja agradar a outra, anula as próprias necessidades e se torna parte do enredo da outra — há então envolvimento, confusão, brigas; e as pessoas ficam presas umas às outras e todo o enredo de vida fica confuso, o que, de novo, é parte do enredo da vida.

Assim, o que queremos fazer é reorganizar nosso enredo de vida. E os caminhos e meios para fazê-lo podem ser entendidos até certo ponto. Bem, agora estou interessado em encontrar alguns de vocês e tenho que admitir que tenho uma memória muito ruim para nomes, e tenho que conhecer uma pessoa muito bem ou ter um choque ou grande alegria quando encontro esta pessoa, para que possa me lembrar de seu nome. Para trabalhar, eu exibo os seis componentes de meu trabalho. Para trabalhar preciso de minha técnica, a chamada cadeira quente, que neste caso é muito bonita (risos), a cadeira vazia, que tem a tarefa de assumir os papéis que vocês descartaram, e de outras pessoas de quem vocês necessitam para compreender seu enredo de vida. Precisamos de algo que está faltando, e espero que talvez hoje não necessitemos — isto é, lenços, meus cigarros e cinzeiros, e então estou trabalhando. (Risos.) Assim, convido quem quiser vir trabalhar comigo a sentar-se na cadeira quente. (Vem Don; é um homem barbudo, com cerca de quarenta anos, e ensina arte.)

134 TESTEMUNHA OCULAR DA TERAPIA

Fritz: Seu nome é...?

Don: Don.

Fritz: Don, só tenho um pedido para lhe fazer: use a palavra "agora", se possível! em cada frase.

Don: Como agora sinto meu coração batendo. Agora me pergunto porque estou sentado aqui (risos). Por que quis preencher o vazio? Agora me pergunto o que há para ser trabalhado.

Fritz: Sim. Deixe-me interrompê-lo aqui e volver a Freud e sua psicanálise. Freud disse que uma pessoa livre de sentimentos de culpa e de ansiedade é saudável. Minha própria teoria sobre sentimentos de culpa e ansiedade é esta. A culpa é nada mais do que um ressentimento que não é expressado. E a ansiedade nada mais é do que a brecha entre o agora e o depois. Assim que você deixa a base segura do agora e corre para o futuro, você experimenta ansiedade ou, neste caso, medo do palco. Você está excitado, seu coração começa a disparar — todos os sintomas do medo do palco. O fato de que não notemos com frequência nossa ansiedade crônica é simplesmente porque preenchemos a brecha entre o agora e o depois com apólices de seguro, formações de caráter rígidas, devaneios etc. Se reduzirmos o depois ao agora, provavelmente a ansiedade entra em colapso. Então, vamos fazê-lo agora. Feche os olhos e conte-nos detalhadamente o que sente agora.

Don: Fisicamente, sinto o calor de uma mão na outra. Sinto, agora eu sinto, uma tensão em todo meu corpo. Especialmente aqui em cima (indica o tórax).

Fritz: Bom. Você pode entrar nesta tensão?

Don: É como se eu estivesse sendo esticado deste modo (põe os braços ao redor de toda a largura do tórax).

Fritz: Você pode fazer isto comigo? Estique-me.

Don: (Levanta-se e pula nos ombros de Fritz). É como se eu estivesse sendo arrancado desta maneira.

Fritz: Mais. Faça isto tanto quanto quiser. OK. Sente-se.

Don: Agora se foi. (Risos.)

Fritz: Se você aprender a fazer com os outros o que está fazendo consigo mesmo, você parará de se reprimir e de se impedir do que você vai fazer. Não entendo sua necessidade de me esticar — e aqui tenho que chocá-lo — porque aqui tenho que introduzir um dos termos técnicos

A GESTALT EM AÇÃO   135

da terapia gestáltica, que é masturbação mental. No exato momento em que eles só jogam estes jogos intelectuais, como ocorre frequentemente na terapia de grupo, jogam uns sobre os outros opiniões, explicações, as pessoas se interpretam umas às outras. Assim, nada ocorre exceto estes jogos intelectuais de palavras. Dessa forma, o que você experimenta agora, Don?

Don: Minha própria masturbação mental. (Risos.) Explicando a mim mesmo por que quereria esticá-lo.

Fritz: OK. Vamos introduzir a cadeira vazia. Faça esta pergunta, Don.

Don: Don, por que você quer se esticar ou esticar outra pessoa?

Fritz: Agora mude de lugar. E esta é a frase decisiva — comece a escrever seu próprio enredo entre os dois antagonistas.

Don: Bem, Don, você não está suficientemente bem do modo que está, portanto tem que esticar.

Don: Sim, é bem possível. Nunca sabemos qual é o nosso potencial, a não ser que nos estiquemos. Concordo, eu deveria me esticar.

Don: Sim, você parece ter entendido o recado, e tudo que tem a fazer é fazer algo a respeito.

Don: Sim, eu tento mesmo fazer algo a respeito, hum, algumas vezes. Constantemente me dou conta de que devo fazer algo a respeito disso. Nem sempre o faço. De vez em quando.

Fritz: Oh! Acabamos de fazer o primeiro ganho com uma das maiores cisões da personalidade humana, a cisão opressor/oprimido. O opressor é conhecido em psicanálise como superego ou consciência. Infelizmente Freud não levou em conta o oprimido e não compreendeu que, frequentemente, o oprimido vence o conflito entre oprimido e opressor. Vou dar-lhe as características frequentes de ambos. O opressor é o sujeito "direito". Algumas vezes acerta, mas é sempre o "cara correto". Ele está certo que quando diz para que o outro se estique, o outro deve fazê-lo para provar que ele está certo. Ele sempre diz o que você *deve* fazer e o ameaça se não fizer. No entanto, opressor é bastante honesto; já o oprimido procura o método distinto. O oprimido diz sim, ou prometo, ou concordo (risos) ou amanhã se eu puder. Assim, o oprimido é um bom frustrador. E então opressor, sem dúvida, não o deixa

136 TESTEMUNHA OCULAR DA TERAPIA

escapar desta maneira, e louva o uso da punição e assim continua o jogo da autotortura ou autoaperfeiçoamento, como você queira chamar, ano após ano, e nada acontece nunca. Certo?

Don: Não tanto, mas o opressor continua pressionando, e consegue.

Fritz: Diga isso para o opressor.

Don: Sim, você fica me pressionando e algumas vezes eu lhe dou algo, mas geralmente sinto que não é suficientemente adequado para você — quase não supre suas exigências.

Fritz: Então seja o opressor e exija. Quais são suas exigências. Você deveria...

Don: Você deveria ser mais organizado e poderia ser muito mais inteligente do que está sendo agora em relação a empreender as coisas.

Fritz: OK. Agora, de novo. Faça com os outros o que você faz com você mesmo. Diga a mesma coisa às pessoas que estão aqui. Vocês deveriam ser mais organizados.

Don: (Suspiro) Bill, se você quer se aperfeiçoar, você deveria ser mais organizado e fazer melhor uso de seu tempo e energia. Ann, se você fosse mais organizada seria mais inteligente para empreender as coisas, você iria muito mais longe. Gail, você pode fazer o mesmo.

Fritz: Como se sente quando diz isto aos outros e não a si mesmo?

Don: Sinto que eles poderiam me mandar para o inferno.

Fritz: (Para o grupo.) Digam-lhe que vá para o inferno. Você fica resmungando, resmungando, e ninguém o manda para o inferno.

Gail: Vá para o inferno.

Don: Não lhe disse suficientemente (risos) que você trabalhasse mais?

Gail: De fato, disse.

Don: Ann, você não pode trabalhar mais? Não se pode organizar melhor?

Ann: Não quero, muito obrigada, Don Babcock. (Risos.)

Don: E você, Bill? Você poderia ir muito mais longe se se organizasse melhor e trabalhasse mais — com o seu talento.

Fritz: OK, como se sente agora?

Don: Sinto-me como muito autocensor... (Risos.)

A Gestalt em Ação

Fritz: Como vai seu medo do palco?

Don: Parece que se foi.

Fritz: Sim, mas ser autocensor é parte de seu enredo de vida e portanto você precisa de bastante gente com quem possa exercer o papel de autocensor.

Conscientizar-se

Bem, este laboratório é diferente do habitual, mas em ambos os casos ocorre que temos duas coisas em comum. Em ambos os casos estamos lidando com um processo de aprendizagem. A aprendizagem, na maioria das vezes, é mal entendida. Minha definição de aprendizagem é descobrir que algo é possível. Não é apenas o armazenamento de algumas informações. E tudo que quero fazer aqui é mostrar-lhes que é possível descobrir meios e caminhos pelos quais se pode crescer e desenvolver seu potencial e resolver as dificuldades da vida. Isto sem dúvida não pode sen feito num breve laboratório. Mas pode ser que eu possa plantar umas poucas sementes, tomar alguns dos invólucros que abrirão possibilidades. Deixem-me repetir de novo: *Aprender é descobrir que algo é possível*. Estamos usando a maior parte de nossa energia para jogos autodestrutivos, para jogos autoimpedidores. E como já mencionei, fazemos isto e nos impedimos de crescer. No exato momento em que algo desagradável, algo doloroso ocorre, nesse momento nos tornamos fóbicos. Fugimos. Nos dessensibilizamos. Usamos todos os tipos de meios e caminhos para impedir o processo de crescimento.

Se você tentar se conscientizar do que está acontecendo — então você observa que rapidamente deixa a base segura do agora e se torna fóbico. Você começa fugindo para o passado e começa a associar livremente, ou você corre para o futuro e começa a fantasiar as coisas terríveis que sucederão se você ficar com o que está acontecendo ou fizer todo tipo de coisas. Subitamente você tomou muito tempo, do tempo do grupo, e isto é tarefa do terapeuta ou se você trabalha com alguém mais a tarefa de seu parceiro — procurar mantê-lo (ou mantê-la) no foco da experiência e fazê-lo(la) entender aquele exato momento e descobrir o que é que está provocando a fuga. Há um processo de autodecepção muito complicado envolvido. E como eu disse antes, uma pequena parcela de

138 TESTEMUNHA OCULAR DA TERAPIA

honestidade leva-nos longe e é disto que a maioria de nós tem medo: ser honesto conosco e parar com a ideia de autodecepção. Como diz T. S. Elliot: "A maioria de vocês se enganam a si mesmos, sofrendo dores infinitas, mas raramente são bem-sucedidos." E Elliot disse algo mais: "Você não é nada mais que um conjunto de respostas obsoletas." E se você não está no presente não pode ter uma vida criativa.

Novamente, temos que dar outro passo à frente e dizer que o sofrimento do neurótico é sofrimento em imaginação — sofrimento em fantasia. Alguém o chama de filho da puta, e você pensa que está sofrendo. Mas na realidade não; você se sente ferido. Não há contusões, não há feridas reais lá. Seu chamado ego ou vaidade é que está ferido. Você pode dar um passo mais além e dizer que quando você se sente ferido você realmente se sente vingativo e quer ferir a outra pessoa. Assim, o que eu gostaria de fazer no começo é tomar alguns de vocês e pedir-lhes para vir até a cadeira quente e trabalhar com base fenomenológica. Isto significa trabalhar na conscientização do processo que ocorre. Se você vive no presente, você usa tudo que estiver disponível. Se você vive em seu computador ou em sua máquina de pensar, ou nestas respostas obsoletas ou em sua maneira rígida de lidar com a vida, você fica paralisado. Assim, tomemos alguns de vocês, quem queira vir na frente. E quanto maior o medo do palco, melhor. (Pausa. Vem Marek e senta-se na cadeira quente.)

Fritz: Vamos trabalhar muito primitivamente, mesmo que estruturemos tudo um pouquinho. Rigidamente, pomposamente, no início você logo verá o significado disto. Assim, comece com a frase, "agora me conscientizo".

Marek: Agora me conscientizo da, hum, tensão no meu braço direito, agora me conscientizo de rostos (sorrisos) olhando em minha direção. Agora me conscientizo de você, Fritz. Agora ainda me conscientizo de minha mão. E agora me conscientizo de que estou mudando minha posição para uma posição mais relaxada. Agora me conscientizo da caixa à minha frente. Agora me conscientizo de esperar para que a pressão me abandone. (Sorrisos.)

Fritz: Vejam, neste momento ele pulou para o futuro. A palavra esperar significa que ele parou de se cons-

A GESTALT EM AÇÃO 139

cientizar do que está ocorrendo. Exceto se agora reduzir-mos sua antecipação do processo que se desenvolve — e o fazemos como pedido de "como". Como cobre todos os meios possíveis de comportamento. Como você vivencia esperar?

Marek: Experimento esperar como este momento de tremenda tensão aqui. Definitivamente, tensão por todo o corpo, mais um certo branco começando a encobrir meu processo de pensamento.

Fritz: Agora tenho que incluir o que estou percebendo. Eu me conscientizo de que você está sorrindo muito. E mesmo quando você fala de desagrado — como a tensão desagradável — você continua sorrindo e talvez isto seja inconsistente.

Marek: (Ri.) Isto pode ser verdade, hem, é uma defesa, creio.

Fritz: O que você está fazendo agora?

Marek: Intelectualizando?

Fritz: Sim, você está se defendendo. Você se conscientiza disto?

Marek: Agora, sim.

Fritz: Então, talvez minha observação tenha sido desagradável para você?

Marek: Talvez um pouco, sim. (Morde os lábios, sorri.)

Fritz: Você se conscientiza de seu sorriso?

Marek: Oh, você não gosta de mim sorrindo?

Fritz: Você se conscientiza do que fez com esta frase?

Marek: Pensei que talvez expressasse um pouco de hostilidade.

Fritz: Você me atacou.

Marek: Não tive esta intenção, mas...

Fritz: Agora, de novo, você se conscientiza de que está na defensiva?

Marek: Sim. Acho que tenho uma natureza muito defensiva.

Fritz: OK. Agora o próximo. Só quero um exemplo sucinto para reforçar a base do dar-se conta. Vejam, o que estamos fazendo é uma simples amostra; estamos simplesmente entrando em contato com o processo de desenvolvimento da conscientização e de como diferentes pessoas evitam o envolvimento total no que há. Podemos agora dar o próximo passo e verificar com o que vocês estão em contato. Há três possibilidades — vocês podem

140 TESTEMUNHA OCULAR DA TERAPIA

estar em contato com o mundo, podem estar em contato com vocês mesmos ou podem estar em contato com sua vida de fantasia. A vida de fantasia — ou zona intermediária — foi descoberta inicialmente por Freud sob o nome de complexo, e é a zona intermediária que é a parte doente de nós mesmos. Trata-se da fantasia sempre que ela é como uma coisa real. A pessoa doente de fato é conhecida como aquela que diz "Sou Napoleão" e realmente acredita que é Napoleão. Se eu dissesse que gostaria de ser Napoleão, vocês não me chamariam de louco. Se eu disser "Sou Napoleão, vá, marche para Austerlitz" ou seja lá o que for, vocês dirão: "Que comportamento esquisito é o desse sujeito." E especialmente há uma zona em que nós somos completa e absolutamente loucos. É em nossos sonhos. Vocês verão depois, nestes mesmos sonhos, que a zona intermediária assumiu tanta importância em nossas vidas que ficamos fora de contato com a realidade, que é ou aquela realidade do mundo, ou a outra realidade de nosso si-mesmo autêntico. Muito bem (vira-se para Don, na cadeira quente) comece com este experimento — agora me conscientizo.

Don: Hum. Me conscientizo imediatamente de que sua atenção não está em mim, oh, está voltando para mim, que minha voz parece tremer. Hum, que minha mente está como que dividida entre uma fantasia e me conscientizo de meu corpo.

Fritz: Agora, minha mente está dividida entre a fantasia e corpo. Para mim, mente é fantasia. (Pausa.) E quando você diz minha mente está dividida, imagino que diz minha atenção está dividida.

Don: Certo. Exatamente. Se meu corpo está em minha mente, minha mente está em meu corpo, e é aí que está minha atenção. Oh, ainda sinto um tremor, como uma folha trêmula no tórax. Noto que minha mão está se mexendo um pouco. Aponto meu peito. Oh, o tremor está subindo para minha garganta. Percebo que estou olhando fixamente para o tapete. Os pés das pessoas estão se mexendo.

Fritz: Você também se conscientiza de que está evitando olhar para mim, olhar para alguém?

Don: Sim, não estou olhando — antes de agora — as pessoas parecem muito tensas, como que em suspense. Mas muito reais.

A GESTALT EM AÇÃO   141

Fritz: Então, agora você pode começar a ir e vir entre o conscientizar-se de si-mesmo e conscientizar-se do mundo. A conscientização de si-mesmo é simbolizada pela palavra "eu" e o mundo pela palavra "tu". Eu e tu. E se você tem eu demasiado, você é autocentrado, retirado etc. Se você tem demasiado tu, você é paranoico ou agressivo, ou um homem de negócios ou algo semelhante.

Don: (Para o grupo.) Bem, eu estive olhando vocês, Eu estou olhando para vocês agora, e quanto mais olho para vocês, menos tremor sinto dentro de mim. Oh, alguns de vocês parecem olhar-me diretamente, e alguns me olham de lado ou de cima. Shirley, você parece estar me olhando de baixo para cima. Dawn, você parece estar de lado, e outras pessoas...

Fritz: Agora volte a conscientizar-se de si mesmo.

Don: (Tosse.) Oh, sinto uma grande bola de tensão aqui. Minha boca está seca.

Fritz: Agora, volte-se para o conscientizar-se do mundo.

Don: Oh, pareço querer focar em um ou...

Fritz: Você ainda está no "eu".

Don: Hum, Gordon, você parece muito confiante, mas um bocado raivoso. (Sorrisos.)

Fritz: Agora você o viu. Agora volte para você.

Don: Isto me faz sentir confiante de que você está (estala a língua) confiante.

Fritz: Agora você vê que consegue uma integração. O mundo e o eu são um. Se eu *vejo*, não vejo, o mundo apenas está aí. E assim que eu vejo, forço, penetro, faço tudo, menos possuir o mundo. OK. Obrigado. (Pausa. Penny vem para a cadeira quente.)

Fritz: Seu nome é?

Penny: Penny.

Fritz: Penny, sim, você é Penny.

Penny: Eu me conscientizo das batidas de meu coração. Minhas mãos estão frias. Estou com medo de olhar em torno e meu coração ainda está batendo.

Fritz: Você se conscientizou de como me evitou? Você deu uma olhada para mim e rapidamente olhou para outro lado. O que você está evitando? Você se conscientizou de que sorriu quando me olhou?

Penny: Hum, hum.

142   Testemunha Ocular da Terapia

Fritz: Que tipo de sorriso você vivenciou quando me olhou?

Penny: Estou com medo. Tento esconder meu medo. (Contém as lágrimas, morde os lábios.)

Fritz: Seu medo é agradável ou desagradável? Você se sente confortável com seu medo?

Penny: Sim. Meu coração já não está batendo tanto.

Fritz: Hum, hum. Agora tente acompanhar mais o ritmo de contato e fuga. De lidar e se retirar. Este é o ritmo da vida. Você flui para o mundo e se retira para você mesma. Este é o ritmo básico da vida. No inverno, nos retiramos mais — no verão saímos mais. Durante a noite, nos retiramos profundamente, e durante o dia estamos mais ocupados em lidar. Se me falta uma palavra, me retiro para o dicionário, e volto quando descobrir a palavra que preencha a brecha em minha frase. Assim, prossegue este ritmo, eu e tu, juntos, formam uma unidade. E se você tiver esta zona intermediária, então ela fica entre você e o mundo e a impede de funcionar adequadamente. Nesta zona intermediária, especialmente, há expectativas catastróficas ou complexos, que destorcem sua visão do mundo e assim por diante. Temos que lidar com isto mais tarde. Neste momento, quero lhes dar um sentimento da situação de contato e fuga. Fuga tão profunda quanto for possível. Ir, até, para fora desta sala, e então voltar para nos ver de novo. E ver o que acontece se vocês seguiram este ritmo.

Penny: Voltar é mais confortável.

Fritz: Então prossiga neste ritmo. De novo, feche os olhos. Retire-se e, de cada vez, verbalize para onde está indo. Você está indo à praia? Você está indo para sua parte pensante? Está indo até alguma tensão muscular? Então, volte, e diga-nos de que você se conscientizou.

Penny: Sinto-me mais relaxada. Parece mais, oh, somente ir para dentro de mim mesma. (Pausa.) Mas, não quero ficar. (Pausa.) Fico entediada com isto.

Fritz: Você se lembra qual era nosso contrato básico? Sempre dizer "agora me conscientizo". Portanto, quando você me olhou, de que se conscientizou?

Penny: (Pausa.) Tentando dar uma resposta.

Fritz: Ah, veja, aparentemente isto é desagradável agora. Então você parou de conscientizar-se. Você come-

A GESTALT EM AÇÃO   143

çou a pensar e brincar de sondar, olhando. Em outras palavras, você ainda está retirada em seu computador. Você
não está comigo. Você ainda não está no mundo. Então,
feche os olhos. Vá embora. (Penny suspira.) Da última vez
que você foi embora, você achou o tédio. Seu sentimento
de tédio é agradável ou desagradável?
    Penny: Desagradável.
    Fritz: Ah, então fique com ele e diga-nos o que é desa-
gradável em estar entediada.
    Penny: (Pausa.) Sinto-me frustrada. Quero fazer
algo.
    Fritz: Diga isto de novo.
    Penny: Queria fazer algo. (Pausa, fecha os olhos.)
    Fritz: Agora volte. O que você experimenta, aqui,
agora?
    Penny: (Olha em volta.) As cores são brilhantes.
    Frttz: Perdão?
    Penny: As cores são brilhantes.
    Fritz: As cores são brilhantes. Este é um bom sintoma.
Isto é o que chamamos de terapia gestáltica, um minissa-
tóri. Ela começa a acordar. Vocês notaram — o mundo se
tornou real, as cores brilham. Isto soou como muito genuíno e espontâneo. (Pausa.) Você quer vir para a frente?
Seu nome é?
    Ann: Ann.
    Fritz: Ann. (Pausa.)
    Ann: Eu me conscientizo de uma tensão em minha
cabeça. Está ao redor de toda minha cabeça. Sinto-a como
um latejar e um apertar. Oh, como se minha cabeça fosse
dormir, como se um membro fosse dormir. E ela, oh, quei-
ma, também.
    Fritz: Agora, vá para o mundo. De que você se cons-
cientizou em seu ambiente?
    Ann: (Pausa, ela olha em volta e começa a chorar.) Eu
me conscientizo de um rapaz, aqui, olhando de um modo
muito simpático para mim, você. Eu o sinto muito simpático e compreensivo.
    Fritz: Agora chegamos a outra condição em terapia
gestáltica. Sempre tentamos estabelecer contato. Você
pode dizer a mesma coisa para ele, em vez de comentar
sobre ele? Diga isto a ele.
    Ann: Eu sinto, eu sinto que você é, que você se sente
muito afável e simpático.

144   Testemunha Ocular da Terapia

Fritz: Agora retire-se de novo. (Pausa.) Você se conscientiza de que você estava chorando um pouquinho?

Ann: Hum, hum.

Fritz: Então, por que não disse?

Ann: Eu me conscientizo, eu me dou conta de que estou chorando. Hum, como se eu estivesse aflita. (Suspiros.) Eu sinto uma espécie de, oh, a aflição é como, hum, padrões destruídos talvez, de algum modo.

Fritz: Agora volte a nós. Desta vez venha para mim. Como você me vivencia?

Ann: Eu o vivencio como, oh, uma pessoa muito muito, ah, como uma espécie de pessoa muito definida, que está bastante próxima e está, oh, está aqui comigo. Bem, não comigo, mas com todos que estão aqui.

Fritz: Agora saia de mim de novo. Partir é uma tristeza tão doce. (Risonho.)

Ann: (Pausa.) Sinto, eu me conscienitzo de, oh, tensão em minha cabeça, como se estivesse apertada bem acima dos olhos.

Fritz: Você pode fechar os olhos?

Ann: Hum, hum.

Fritz: E descobrir como faz isto. O que está tenso, como você produz seu aperto?

Ann: (Pausa.) Sinto que eu prendo as coisas e eu prendo as coisas juntas.

Ann: (Pausa.) Sinto que eu aperto tudo e me mantenho assim.

Fritz: Hummmmm. Então volte uma vez mais.

Ann: (Olha em volta.) Eu sinto, oh, que o grupo, oh, parece estar um pouco mais aberto.

Fritz: Sim. Bom. Obrigado. (Cumprimenta-a.) Agora, esta é a base de se expandir o conscientizar-se. Não precisamos de L.S.D. ou de qualquer meio artificial para *nos animarmos*. Se produzimos nossa própria conscientização, se o fazemos nós mesmos e não repousamos em artifícios, temos toda a base que precisamos para o crescimento. Agora, um intervalo.

Casamento

Falamos ontem sobre o enredo de vida de uma pessoa, e este enredo de vida tem uma quantidade de outras pessoas envolvidas, visto que necessitamos de outras pessoas

A Gestalt em Ação 145

para um certo montante de sustentação de nossa autoestima. Necessitamos de outras pessoas para necessidades alimentares e sexuais. Mas em muitos casos nosso enredo de vida exige casamento. E o problema no casamento começa se o esposo não se encaixa naquele enredo de vida. Em outras palavras, se aquela pessoa não ama aquele esposo, mas sim a imagem do que ele deveria ser. Agora, muito raramente se encaixam a imagem do esposo e a pessoa real. Então, há frustrações e dificuldades, especialmente se a pessoa estiver amaldiçoada com o perfeccionismo. Então, tem-se problemas. A maldição do perfeccionismo é a pior coisa que pode sobrevir a alguém. Uma vez que se seja perfeccionista, tem-se uma medida de comparação em que se pode levar a melhor sobre si mesmo e levar a melhor sobre as outras pessoas porque se exige o impossível. E uma vez que você comece a exigir o impossível de seu parceiro, então começa o ressentimento — o jogo de acusações, a irritação, e assim por diante.

Assim, em nosso jogo do casamento, não podemos fazer muito mais do que simplesmente jogar aqui alguns jogos e descobrir algumas bases pelas quais as pessoas permanecem umas com as outras. Comecemos com a mesma abordagem de comunicação que usamos no conscientizar-se. Em outras palavras, eu e você. Comecemos com vocês dois aqui. (Don e Claire sentam-se na cadeira quente.) Então, seus nomes são?

Claire: Claire.

Don: Don.

Fritz: Claire, Don e eu gostaríamos que você fizesse esta troca — retirando-se para dentro de você mesma com a palavra "eu" e então voltando para Don e dizendo "você". Volte atrás, novamente — eu e você. E você faça o mesmo... Vá e venha e veja até que ponto é possível uma simples comunicação. Estamos mais interessados, sem dúvida, em que tipo de comunicação vocês evitam. Sem dúvida, há muitas expectativas catastróficas. Se eu lhe disser o que penso realmente de você, você não gostará de mim, você me deixará, ou quaisquer que sejam as expectativas catastróficas.

Claire: Oh, acho difícil ir para dentro de mim. (Pausa.) Quero ir até você e, oh, lhe assegurar de que estou com você.

Fritz: Volte, novamente.

146   TESTEMUNHA OCULAR DA TERAPIA

Claire: Ir até mim, e quero ser eu mesma também. (Sorrisos.)

Fritz: Você se conscientiza de que está cheia de boas intenções — eu quero, eu quero, eu quero isto. Você não está nos dizendo o que você está fazendo, mas o que você quer. OK, Don.

Don: Estou de volta ao que pega em mim, aqui, e acho que é fácil ir até mim mesmo, e mais difícil ir até você. E, eu penso, eu me dava conta e agora me lembro que quando olhei para todas as pessoas não olhei para você, quando me sentei aqui antes.

Fritz: Isto é muito simples. Um sintoma claro de evitação. Se você evita olhar para outra pessoa, isto significa que você não está aberto. Sua vez, Claire.

Claire: (Pausa.) Eu me conscientizo da tensão dentro de mim. Uma espécie de pulsação. (Pausa.) Uma expectativa meio trêmula. Eu me conscientizo de sua calma (Sorrisos.) Oh, sua convicção, do que está por baixo. Eu me conscientizo de minha inaptidão para me expressar. Prendendo a língua. Sendo insegura.

Fritz: Você se conscientiza de sua voz?

Claire: Quieta.

Fritz: Você pode falar com Don sobre sua voz e o que você lhe está fazendo com sua voz?

Claire: Bem, espero que não seja tão fraca que você tenha que se esforçar para me ouvir.

Fritz: Você está esperando. O que você está fazendo?

Claire: Estou falando suavemente. Hesitantemente. (Pausa.) Sem convicção.

Fritz: A propósito, esta voz baixa é sempre um sintoma de crueldade oculta. É um dos melhores meios de torturar as outras pessoas.

Claire: Nem sempre é suave. (Sorrisos.)

Fritz: Don.

Don: Eu me conscientizo de que agora estou mais calmo. E, oh, penso que estou calmo em parte porque sinto sua falta de convicção e seu medo, e isto coloca uma exigência para eu estar aqui e presente. Uh, dentro, sinto uma espécie de rigidez. Uh, penso que estou tentando lhe dizer...

Fritz: Você se conscientiza de que está sempre dizendo penso, eu estou tentando. Você poderia nos dizer de que se conscientiza?

A GESTALT EM AÇÃO   147

Don: (Suspira.) Eu me conscientizo de uma sensação de que estou me tornando como que concreto. Como que me solidificando.

Fritz: Como quê?

Don: Como se eu fosse me enrijecendo. Tornando-me rígido. Tudo está parado. (Pausa. Claire olha para Fritz.)

Fritz: O que você quer de mim?

Claire: (Vira-se para Don.) Hum, eu sinto...

Fritz: O que você quer de mim?

Claire: Bem, eu ia começar a falar com ele e, oh, acho que estava buscando sua aprovação.

Fritz: Você estava vendo se conferia comigo.

Claire: Não, não me senti desta maneira.

Fritz: Hummmmmm?

Claire: Eu acho que eu queria orientação, sabendo se estava fazendo o que devia.

Fritz: Você poderia dizer a ele a mesma coisa?

Claire: Eu não gosto de lhe dizer a mesma coisa que eu estou esperando que ele me oriente. Mas compreendo que minha atitude implicava isso. Eu ia dizer que fiquei ressentida quando você ficou rígido quando sentiu que eu estava amedrontada. Posso controlar meus próprios sentimentos, e isto me faz me sentir bastante forte.

Fritz: OK, vamos ter o casal número dois. Não quero ir mais profundamente ainda. Só quero ter uma ideia inicial de quanta comunicação há. Seus nomes são?

Russ: Russ.

Penny: Penny. (Pausa.)

Fritz: Olhem, mais uma vez. O experimento é tão simples. Não me importo se vocês ficarem um tanto rígidos em relação a ele. Primeiramente, de que me conscientizo em relação a mim — de que me conscientizo em relação a você. Se for uma tarefa muito complicada, por favor. digam, então teremos que lidar com sua dificuldade em compreender um pedido tão simples.

Russ: Eu me conscientizo de que estou com medo do que você vai dizer. (Pausa.) Posso escutar.

Fritz: Sua vez, Penny.

Penny: Eu me conscientizo da tensão em meu peito. Eu me conscientizo de que você me olha intensamente, que você parece querer que eu conduza o barco. (Risos.)

Fritz: Você se conscientiza disto ou pensa isto?

Penny: É o que eu penso.

148 TESTEMUNHA OCULAR DA TERAPIA

Russ: Eu me conscientizo que quero que você faça isto. E quero que você me inicie, e me conscientizo de que eu estou...

Fritz: Você se conscientiza do que estão fazendo suas mãos? Agora, por favor, tente a tarefa mais difícil de todas. Fixe-se ao óbvio. É óbvio que você acabou de fazer este movimento com a cabeça. É óbvio que você está segurando suas mãos deste modo. É óbvio que você está balançando a cabeça. Tente apegar-se à tarefa difícil da simplicidade.

Russ: Eu me conscientizo de que estou tentando demais. Estou tentando relaxar e continuar ao mesmo tempo.

Fritz: Como você está fazendo esta tentativa?

Russ: Com minhas mãos e meu corpo rígido. Estou rígido.

Fritz: (Para Penny.) Agora, de que você se dá conta daí?

Russ: Suas mãos estão dizendo algo. Quieta, suavemente — você está se desviando de mim.

Fritz: Agora, a primeira vez que ele vê, hem? Agora retorne a você, de novo. O que acontece neste intervalo? Você está ensaiando?

Russ: Penso que sim.

Fritz: Então diga a ela como você ensaia.

Russ: Quero dizer a coisa certa. Quero fazer a coisa certa. Não estou seguro de onde estou com você, todo o tempo. Não estou seguro de realmente o estar escutando, ou se estou projetando.

Fritz: Você fala, Penny.

Penny: Eu me conscientizo da pressão em meu braço direito. Eu me conscientizo de que estou me desviando de você. Eu me sinto pulando fora de você. Estou com medo de ser sugada.

Fritz: Sua vez, Russ.

Russ: (Pausa.) Quero sugar você.

Fritz: Você se conscientiza disto? Um outro momento difícil — estamos muito inclinados a fazer esse tipo de masturbação mental. Falar, falar, falar — diga-nos apenas sua resposta, o que você sente realmente. Você se sente sentado na cadeira, você se sente balançando a cabeça, portanto seja simples.

Russ: Está bem. Sinto que estou pressionando muito meu braço direito.

Fritz: É isto. Veja, nisto eu acredito.

A Gestalt em Ação

Russ: Estou me segurando para trás com minha esquerda.

Fritz: Agora chegamos a um pouco de realidade. Agora abra seu olhos de novo. O que você vê? O que você ouve?

Russ: Acho que não posso me expor por inteiro.

Fritz: OK, obrigado. O próximo casal. (Pausa.) É inacreditável que pessoas que vivem juntas tenham tão pouca comunicação entre elas, uma vez que se chegue ao nível do ponto essencial da questão — ao nível real.

Ann: Eu me conscientizo de...

Fritz: Seu nome?

Ann: Ann.

Bill: Bill.

Fritz: Ann, Bill.

Ann: Eu me conscientizo de meu coração batendo e me conscientizo de estar como que sentada na cadeira, como que sentada muito solidamente para trás na cadeira, com meus braços como que escorados de cada lado. E eu me conscientizo de você olhando, oh, muito atentamente nos meus olhos. (Pausa.) E respirando mais, oh, rapidamente, pelo menos me conscientizo de sua respiração.

Fritz: Bill.

Bill: Meu coração está batendo violentamente. E estou repousando um pouquinho em meu braço esquerdo. A coisa é, eu pareço totalmente estar me estabelecendo, me estabelecendo, chegando ao centro. (Pausa.) E eu a vejo, Ann. Vejo o seu rosto sendo macio, mas um pouco tenso. E vejo seu ombro direito, só levemente tenso e...

Fritz: Você se conscientiza do que seus olhos estão fazendo?

Bill: Eles estão perscrutando ao redor.

Fritz: O que você está evitando quando a olha?

Bill: Eu estou tentando me encontrar neste exato momento, penso. E não estou preparado para lidar com o que está lá fora até que eu volte para cá.

Fritz: Muito bem. Feche os olhos e se retire. Portanto, este é um exemplo, muito bom — ele não está pronto para lidar, necessita de mais tempo para se retirar para dentro de si mesmo e conseguir apoio de dentro. Então, o que você experimenta?

Bill: Eu vivencio uma necessidade, realmente, reajustar minha posição e vir diretamente até o centro... voltar a, hum...

150   TESTEMUNHA OCULAR DA TERAPIA

Fritz: Leve o tempo que quiser. Quando estiver pronto para voltar, volte.

Bill: Experimento alguma tensão em meus joelhos, agora. Minhas pernas estão tremendo um pouco.

Fritz: Agora, vamos integrar estas duas coisas. Conte a ela suas experiências internas.

Bill: Sinto um pouco de tremor agora. Estou um pouco inseguro, nervoso, contraído. (Pausa.) Agora já está mudando.

Fritz: Ah, você notou o que aconteceu. Do conceituar, do intencional, para a atenção, para usar esta experiência como um meio de comunicação. Agora ele não esconde mais seu tremor, ele o dá a ela. E tão logo se expressa genuinamente, desaparece todo o desconforto. Ou, se você se sente desconfortável, pode estar seguro de que não está numa comunicação honesta. OK, obrigado.

Prece Gestáltica

Desta vez quero começar, digamos, pelo fim da linha. Isto é, com a prece gestáltica. Gostaria que vocês repetissem depois de mim e então gostaria que alguns casais vissem o que podem fazer com estas frases. Agora, a prece gestáltica é algo mais ou menos assim: Eu sou eu.

Grupo: Eu sou eu.

Fritz: E você é você.

Grupo: E você é você.

Fritz: Eu não estou neste mundo para viver segundo suas expectativas.

Grupo: Eu não estou neste mundo para viver segundo suas expectativas.

Fritz: E você não está neste mundo para viver segundo as minhas.

Grupo: E você não está neste mundo para viver segundo as minhas.

Fritz: Eu sou eu.

Grupo: Eu sou eu.

Fritz: E você é você.

Grupo: E você é você.

Fritz: Amém. (Risos.) Então, vamos ter alguns casais e ver o que podem fazer com esta prece gestáltica. (Don e Claire vêm para a frente.)

A GESTALT EM AÇÃO   151

Don: Hum, você me espera em casa todas as noites as
3:00 e eu não estarei lá. (Risos.)
Claire: Eu não penso que espere isto. (Risos.)
Don: Hum, penso que você espera.
Claire: Gosto de sentir que compartilho certas coisas
com você — algumas vezes sinto que você não quer compartilhar comigo. (Pausa.) Eu estou realmente tentando
ser eu, e talvez não esteja deixando você ser suficientemente você. (Pigarreia.) E quanto mais eu tento ser eu,
parece não ser nunca suficiente. Parece que tenho que
ser muito mais. Pareço nunca alcançar a mim mesma.
Don: (Pausa.) Hum, bem, se você está se sentindo um
pouco, um pouco mal em ser você mesma, e insatisfeita,
não é problema meu.
Claire: Então imagino que me preocupo com o que
você é, talvez demasiadamente, além de (risos) me preocupar com em que ponto estou eu.
Don: Se você se preocupar com onde estou ou o que
estou fazendo...
Fritz: Ah, agora vejam o que acontece. Eu lhes dei uma
tarefa e, imediatamente, todo o enfoque gestáltico foi jo-
gado pela janela. Não se fala mais da experiência atual.
Não se fala mais do que está acontecendo. Ao invés de
se comunicarem realmente, no nível em que estão, começam o famoso jogo de masturbação mental, que finalmente termina no jogo de acusações. Tentemos de novo, mas
ao mesmo tempo, fiquem com o agora. Contem sempre à
outra pessoa suas reações e seus pensamentos. E o modo
mais simples é pensar em voz alta. Na verdade, garanto
a cada um de vocês que se tornará um escritor dentro
de seis semanas, se puderem se sentar numa máquina
de escrever e escrever exatamente cada palavra como a
pensam. Seria assim — Fritz me disse que em seis semanas eu posso me tornar um escritor. Não acredito. Penso
que é tudo um absurdo. E o que eu escreveria agora? Não
sei. Estou paralisado, não vem nada. Que Fritz vá para o
inferno. (Risos.) Vocês sabem, se vocês forem corretos e
honestos, cada palavra aparecerá direitinho em seus pensamentos, porque pensar não é nada mais que conversa
subvocal. O que geralmente fazemos em nosso chamado
pensamento é que ensaiamos, testamos e deixamos que
passe por um censor, e então só deixamos sair aquelas
frases que são requeridas para manipular a outra pessoa.

152 TESTEMUNHA OCULAR DA TERAPIA

Geralmente, produzimos frases para hipnotizar a outra pessoa — para persuadir, enganar, convencer. Muito raramente falamos de fato para nos expressarmos e apresentarmos a nós mesmos. O resultado é que todos estes encontros entre os seres humanos são usualmente estéreis. Em geral ou são masturbação mental ou são manipulações. Assim, tentem de novo, nesta base, dizer qual é o ponto de partida da expectativa. Então, para economizar tempo, digam eu vivencio agora, isto, e assim por diante. E não ensaiem. A situação terapêutica é uma situação de emergência que oferece segurança. Vocês podem testar todos os tipos de coisas e ver que o mundo não cai em pedaços se você estiver com raiva ou se você for honesto. E então vocês saem para o mundo e podem conseguir um pouco mais de confiança. Vocês verão que as pessoas gostam muito mais da honestidade do que vocês esperam. Com certeza, muitas pessoas se ofenderão e se irritarão, mas estas são a maioria das pessoas que não vale a pena cultivar como amigas.

Claire: Vejo que você parece apreensivo e você está agarrando nos dedos como se buscasse algo para dizer.

Don: Hum, você, hum, eu, oh, também notei isto, que eu estou me beliscando, e fiquei imaginando por que estive fazendo isto — brincando comigo mesmo.

Fritz: Hum. Agora o que uma pessoa faz num nível não verbal geralmente se aplica àquela pessoa que implícita ou explicitamente está na coisa. Se ele se belisca, quer dizer que quer beliscá-la. (Pausa.) Geralmente fazemos com nós mesmos o que gostaríamos de fazer com os outros. Portanto belisque-a.

Don: (Ri, se inclina para frente e belisca Claire na perna.) Este foi um beliscão gentil. (Risos.) Talvez eu pense que exista alguma verdade nisto, porque eu estava lhe dizendo, logo antes de virmos para cá, você deveria contar aquele sonho.

Claire: Você estava me empurrando.

Don: Eu estava sendo um agressor, e penso que não era assunto meu o que você fez, porque eu também tenho um sonho.

Claire: Sim.

Fritz: Outra das expressões verbais mais importantes é a máscara que a pessoa está usando. Agora noto que ela está fazendo caretas todo o tempo, enquanto ele está

A Gestalt em Ação   153

sempre usando o rosto sério de um professor. Conversem um pouco um com o outro sobre seus rostos. O que vocês veem? O que observam?

Don: Bem, eu gosto de seu rosto, mas, de fato, ele ri muito, e, oh, acho que ele reflete inquietação e você está tentando fazer alguma coisa às pessoas com seu sorriso.

Fritz: Ele a está interpretando.

Claire: Bem, eu concordo, oh...

Fritz: E toda interpretação, sem dúvida, é uma interferência. Vocês dizem às outras pessoas o que elas pensam e o que elas sentem. Não as deixam descobrir por si próprias.

Claire: Bem, eu penso que é bastante verdade. Eu, oh, mascaro como me sinto, sorrindo. E, oh, não gosto de ferir as pessoas ou talvez de ser demasiadamente honesta. (Sorrisos.) Talvez seja isto. Hum, acho que você olha bastante firme e honestamente, levemente zombeteiro.

Fritz: Como você não gosta de feri-lo, diga-lhe, eu não gosto de feri-lo, sendo assim e assim.

Claire: Oh, talvez sendo honesta. (Risos.) Mostrando que talvez eu seja muito dependente ou, oh, querendo algo que você não esteja querendo dar.

Fritz: Vejam vocês, quando ela para de fazer caretas, ela pode ser bastante bonita.

Don: (Pausa.) Você é bonita.

Claire: (Ri.) Isto realmente... (suspira) isto para com a conversa. (Ri.)

Fritz: Uma frase que eu gostaria que vocês usassem — vamos chamá-la de "macete", no momento. Dois "macetes" que eu queria introduzir aqui. Um é ser muito honesto com onde você está. Como por exemplo: estou paralisado, não sei o que dizer agora, você me deixa embaraçado. É muito simples, se você se dá conta de você mesmo, então só fazendo esta afirmação produzirá imediatamente algum tipo de reação e alguma comunicação. O outro é para transformar a famosa tela de projeção, "uma parte minha" em "eu" ou "você". "A parte minha" não pode assumir toda a responsabilidade. (Pausa.) OK, agora o próximo casal. Quem é o casal número dois? (Russ e Penny vão para a cadeira quente.) Então, comecem também com a prece gestáltica e então vejam o que podem fazer com ela. Você diz isto para ele e você diz isto para ela.

154 TESTEMUNHA OCULAR DA TERAPIA

Penny: Eu espero que você trabalhe. Você espera que eu trabalhe. (Risos.) Eu espero que você esteja interessado em meus interesses. Você espera que eu esqueça os meus.

Fritz: Vocês notaram o sorriso malicioso dela? Mantenham olhos e ouvidos abertos.

Russ: (Pausa.) Eu espero que você esteja interessada nos meus interesses. (Pausa.) Me deu um branco. (Pausa.) Espero que você se comunique comigo mas não espero que eu me comunique com você. (Pausa.) Algo assim. (Suspiro.)

Penny: Eu espero que você tenha algumas respostas e você espera que eu tenha todas.

Russ: Espero que você tenha filhos. Espero que seja uma boa mãe.

Fritz: Não posso ver daqui se você está olhando para ela. Diga isto de novo, olhando para ela.

Russ: Espero que você seja uma boa mãe... para mim. (Ri, risos na sala.) Espero que você não queira sê-lo.

Penny: Sei que você espera isto.

Russ: Espero que você às vezes seja terrível para mim, a esse respeito. E espero que até que eu pare de querer isto, desejo seu apoio nesse aspecto.

Fritz: Trabalhemos um pouco nisso. Ponha a mãe que você quer — a mãe-esposa — naquela cadeira, e fale com ela.

Russ: Eu quero seu apoio. Eu quero seu amor. Eu quero sua orientação.

Fritz: OK, agora seja isto. Mude de lugar e lhe dê tudo que ele quer. Dê-lhe apoio, orientação, amor, acaricie o garoto, aquele negócio todo.

Russ: (Ri, balança a cabeça.) Esse não é o meu papel.

Fritz: Diga isto para ele.

Russ: Esse não é o meu papel. Não é o que se espera de mim. Eu sou...

Fritz: Finja; (risos) pelo menos espero que você tenha uma imagem do que quer. O que é muito importante é que muitas pessoas ainda carregam seus pais dentro delas. Necessitam de uma mãe e assim por diante, algumas vezes mesmo aos cinquenta ou sessenta anos de idade, e fazem isto para manter seu *status* de criança. Faz parte de sua relutância em crescer. Portanto, seja a mãe. Dê-lhe o que ele quer. Ele...

Russ: Não sei como.

A Gestalt em Ação

155

Fritz: OK, troque de lugar. Diga à mãe como. Diga à mãe, mulher, o que você quer.

Russ: (Pausa, chuta a almofada pela sala, vai e a apanha, senta-se. Suspira, olha para a cadeira vazia).

Fritz: O que você experimenta agora?

Russ: Animosidade. Raiva.

Fritz: Você não parece estar com raiva. Não parece judeu. (Risos.) Mas diga isto àquela mãe.

Russ: Estou com raiva de você. Quero seu amor e atenção, mas sinto que não posso consegui-los.

Fritz: OK. Agora de novo. Todo aquele lugar e dê a ele amor e atenção. Russ, eu gosto de você, eu lhe dou todo o amor e atenção que você quer.

Russ: (Pausa.) Você sabe que eu gosto de você, meu filho. Mas você tem que ser um homem. Você não pode fazer estas coisas. Você tem que se sustentar sozinho. Você tem que ser o homem da família. (Troca de lugar.) Mãe, eu não sou um homem. Sou um garotinho. Quero as coisas que quer um garotinho.

Fritz: Hum, hum. Agora vocês veem, é aqui que surge o trabalho com os sonhos. Ele começou com este mesmo problema no seu sonho. A estrada que tem que apoiá-lo. Trata-se de... chamemos de uma terapia mais individual — o crescimento individual está envolvido. Então podemos mostrar os efeitos com ela. OK, volte. Agora, vocês podem se lembrar da prece gestáltica? Podem repeti-la?

Penny: (Suspiro.) Eu espero sua orientação.

Fritz: Não queridinha. Você pode estar precisando de um novo par de orelhas. Este é um caso de falta de orelhas. Ela provavelmente fala. E pessoas que falam não têm orelhas, querem que os outros tenham orelhas, mas eles são surdos. (Para Russ.) Você pode se lembrar da prece gestáltica?

Russ: Eu me lembro da primeira parte.

Fritz: Diga-a para ela.

Russ: Eu sou eu. Você é você. Não consigo me lembrar mais do que isto.

Fritz: Você poderia dizer eu não quero me lembrar?

Russ: Não, eu quero me lembrar de verdade. Bem. (Pausa.)

Fritz: O que você está vivenciando agora?

Penny: Ah, eu me sinto meio burra.

Fritz: O que você sente sobre o esquecimento dela?

156 TESTEMUNHA OCULAR DA TERAPIA

Russ: Ela não é burra.

Fritz: Quando você não se lembra, você é burro. Se ela não se lembra, ela não é burra.

Russ: (Ri.) Ela está numa situação difícil agora.

Fritz: Hummmmmm.

Russ: Isto não ajuda muito à memória. (Suspiro, uma longa pausa.)

Fritz: Talvez servindo-lhe uma sopa de galinha. (Risos.)

Russ: (Pigarreia, pausa.) Oh, eu não posso prosseguir.

Fritz: (Para Penny.) Você está olhando para mim. O que você quer de mim? Assim que eu falei com você, seus olhos se afastaram de mim. O que está acontecendo?

Penny : Eu (ri), pois bem, eu não estou vendo nada.

Fritz: Portanto, aqui estamos provavelmente num impasse. O impasse — fica-se confuso, mudo, entra-se num ciclo vicioso, repetindo tudo de novo, tentando sair disso, mas paralisado. E os dois realmente parecem estar paralisados por suas expectativas. Mas, uma vez que estabeleceram o enredo, isto continua para sempre e sempre. Se não atravessar o impasse. E este é — vamos chamá-lo de — meu orgulho. Eu penso que na terapia gestáltica, pela primeira vez, somos capazes de passar por um impasse. Se você não passa por um impasse, a única coisa que lhe interessa é manter o *status quo*. Quer na terapia, quer num conflito dentro do casamento, tudo que se consegue é manter o *status quo*; na melhor das hipóteses mudar-se de terapeuta, mudar-se de parceiro de casamento, mudar-se a natureza dos conflitos internos, mas a natureza deste estar dividido em partes permanece no enredo — permanece inalterada, embora os atores possam ter-se substituído uns aos outros. Muito obrigado. Agora, o casal número três. (Volta-se para Bill.) Então, diga-lhe a prece gestáltica.

Bill: Eu sou eu. E você é você. Não terei expectativas de você. E não aceitarei nenhuma expectativa minha em relação a você. (Pausa.) Eu sou eu. E você é você. Amém.

Fritz: Agora diga isto a ele.

Ann: Eu sou eu. E você é você. Eu não terei expectativas de você. E você não pode ter expectativas de mim. Eu sou eu e você é você.

A GESTALT EM AÇÃO   157

Bill: Está ótimo. (Suspiro.) É desse modo que o mundo é. Funciona lindamente desta maneira.

Ann: Não sinto que para mim seja exatamente desta maneira. (Ri.) Eu sinto que é, que deveria ser, você sabe, que...

Bill: Neste momento, não é desta maneira para você. (Pausa.) Como é agora para você?

Ann: Eu sinto, oh, eu sinto que você, oh, você veio a mim e eu não fui realmente até você. Portanto, sinto, num certo sentido, sinto uma expectativa de que, você sabe...

Bill: Você sente que eu estou fazendo uma exigência. Como se dissesse, venha cá.

Ann: Sim. Quando você diz, está ótimo, isto é, hum, isto é uma espécie de exigência que eu sinto, você sabe. está ótimo também. (Começa a chorar.)

Bill: Você acreditaria se eu dissesse que foi exatamente desse modo que me senti, quando disse, quando digo isso agora?

Ann: Diga. Diga de novo.

Bill: (Suspira.) Eu sou eu. E você é você. (Pausa.) E não posso dizer agora que é ótimo, porque alguma tensão está acontecendo.

Fritz: Vejam, é fácil repetir a frase e se hipnotizar na crença de que a frase é uma realidade.

Ann: Eu, eu sinto (chorando), hum, ah, isto é, não é um sentimento que eu tenha com você, aquele tipo de, você sabe, de que algo, de que você como que sentiu que algo era realmente bom para você e eu tenha como que posto um amortecedor nisso, porque eu não, oh, não tenha como que o construído, ou, você sabe, como que tivesse dado o que você quer, como se, você sabe, se eu tivesse desperdiçado com isto tudo, como você se sentiu, então, você sabe, quando Fritz disse que...

Bill: Eu só, oh, eu experimentei, oh, alguma tensão aqui. Quando, creio, quando você me pediu para dizer aquilo de novo, então senti, oh, algum tipo de compulsão a dizê-lo. E, oh, então não foi real.

Ann: Como você se sentiu em relação a mim, então?

Bill: (Pausa.) Eu, naquela hora, então, recordando, me senti, me senti paciente.

Ann: Condescendente. Paciente. O que você quer dizer com paciente?

158   TESTEMUNHA OCULAR DA TERAPIA

Bill: Eu não senti que você faria algo. E, você sabe, em geral eu sinto. Desta vez não. O fator "você faria" não existia. (Pausa.) Agora você descobriu mais ou menos onde estou. Agora, onde está você agora?

Ann: Hummmmmm. Eu, oh, eu estou só tentando me encontrar de novo. Eu penso que eu como que, bem, eu estava pensando.

Fritz: Você está paralisada?

Ann: Oh, sim, estou.

Fritz: Então, descreva sua experiência de estar paralisada.

Ann: (Pausa.) Eu sinto que estou como que, oh, sentada aqui, um tanto imobilizada, esperando por algo que me mobilize. Oh, eu sinto algum, oh, tremor em volta dos olhos.

Fritz: Como você se sente paralisada?

Ann: Eu sinto uma falta de vontade de me mexer. (Pausa.) Oh, eu sinto que não sei de verdade onde me encontro. (Pausa.) Por outro lado, (ri) não quero que você me diga. Quero descobrir.

Bill: Mas você sabe, minha intenção é descobrir para você, ou algo assim. (Pausa.)

Fritz: Grosseiramente, podemos classificar o discurso em três categorias diferentes. Uma é falar dos outros, de indícios, ou fofocar — então você fala de outra pessoa, ou a respeito de seus sentimentos, nunca tocando o âmago da questão. E isto é o que se passa frequentemente nas terapias de grupo — pessoas falando com as outras ou para as outras. A segunda categoria não está bastante explícita aqui mas é a base das comunicações mal feitas. É o "deveria" (*shouldism*), ou moralismo. Sempre estando insatisfeito com o que é. Você deveria ser diferente, você deveria fazer assim, eu deveria fazer aquilo; deveria, deveria, deveria. E isto é idêntico a ter expectativas. Eu espero que você escute minhas ordens e exigências. E a terceira é o é-ísmo, ou existencialismo. Isto é o que é. Uma rosa e uma rosa é uma rosa. Eu estou paralisado agora. Sinto que quero algo de você. Não sei o que fazer. Gostaria de dizer a Fritz, vá para o inferno. Estou entediado. Seja lá o que for. Então vamos tentar um pouco mais de "deveria", num nível mais honesto. Digam um ao outro o que ele deveria fazer e o que você deveria fazer e assim por diante.

Ann: Você deveria, hum, você deveria estar por perto quando me sinto perdida. Mas (chorando) não me mos-

A Gestalt em Ação · 159

trar o caminho. Só estar por perto. Você não deveria me dar nenhuma direção.

Fritz: Esta é uma forma de manipulação muito importante. Brincar de bebê-chorão. Noto que este é um de seus papéis favoritos.

Ann: Hummmmmmmm.

Fritz: Ao invés de fazê-lo chorar, você chora. Chorar é uma forma muito bem conhecida de agressão. Veja o que você está fazendo comigo, diga isto a ele. Veja o que está fazendo contigo.

Ann: Veja o que você está fazendo comigo.

Fritz: De novo.

Ann: Veja o que está fazendo comigo.

Fritz: Mais alto.

Ann: Veja o que está fazendo comigo.

Fritz: Mais alto.

Ann: (Chorando.) Veja o que você está fazendo comigo.

Fritz: Agora você começa a se comunicar. Agora ele deveria se sentir culpado e na merda. Não é?

Bill: Não. (Risos.)

Fritz: E então, comecem de novo. (Risos.)

Ann: (Rindo.) Ele esteve nisto demasiadas vezes.

Bill: Penso que você imagina o que estou lhe fazendo.

Fritz: Você não está agindo segundo as expectativas dela. Você é um garoto muito levado. (Risos.)

Casais Nº 1

Cada um de nós tem um enredo de vida que quer atualizar. Mas algumas vezes você encontra uma pessoa que aparentemente se encaixa em seu enredo de vida e então você se casa com ela, e então vem o grande momento em que vocês empacam um com o outro. Ora, esta ideia de ficar paralisado é bastante conhecida. O que é menos conhecido é que nenhum casamento pode ser melhorado ou posto para funcionar bem até que você esteja completamente atento ao modo pelo qual você fica paralisado. Alguns de vocês viram o filme *The Woman in the Dunes*. Vocês se lembram de como aquele homem queria deixar de ficar paralisado e quanto mais tentava, mais afundava na areia movediça. E vivemos o mesmo na Guerra

160   TESTEMUNHA OCULAR DA TERAPIA

do Vietnã... Quanto mais queríamos sair, mais ficávamos paralisados na areia movediça de toda aquela coisa lá. E me orgulho por ter ultrapassado o que os russos chamam de ponto doente. Os russos descobriram que no centro de cada neurose há um ponto doente, e eles estão satisfeitos em compreender que não podem ir além do ponto doente. Portanto, deixam o ponto doente onde está e organizam as energias ao redor dele, quer dizer, sublimam-no. Eu acredito que podemos passar pelo impasse dado, se prestarmos atenção total ao modo pelo qual estamos paralisados. Isto tampouco é agradável. É muito mais fácil fazer o jogo de acusações. Você deveria ser diferente do que é e assim por diante, em vez de compreender que se está paralisado e descobrir como se está paralisado e trabalhar a partir daí. Assim, eu gosto de dar pelo menos uma imagem superficial de como vocês, pessoas casadas ou que se amam, ficam paralisadas umas com as outras. Portanto, eu gostaria que cada casal viesse para a frente e gastasse uns poucos segundos ou minutos comigo. Seus nomes são?

Russ: Russ.

Penny: Penny.

Fritz: Russ e Penny. Então, diga para Penny, Penny estou empacado com você. Conte-lhe como você está empacado com ela.

Russ: Dizer a ela como estou empacado com ela? Estou empacado com você. Como estou empacado com ela?

Fritz: Está bem. (Risada.) Bem, falaremos depois sobre os buracos na personalidade. Aparentemente o Russ não tem ouvidos. Então vou ajudá-lo. Eu disse, diga a ela como você está empacado com ela.

Russ: (Pausa.)

Fritz: OK. Penny, você pode lhe dizer como você está empacada com ele?

Penny: Eu estou paralisada por você. Você é um burro preguiçoso. Estou paralisada por sua inatividade, estou paralisada por sua mania de grandeza, estou paralisada por sua motocicleta. (Risos.)

Fritz: OK, Russ. Você fala, agora.

Russ: Eu estou paralisado por suas putarias, estou paralisado por suas, às vezes, extravagâncias, estou paralisado por seu pragmatismo.

Fritz: Como você sonha? (Pausa.) O que foi que eu disse?

A GESTALT EM AÇÃO 161

Russ: Eu não pude ouvir.
Fritz: (Para Penny.) O que foi que eu disse?
Penny: Como você sonha?
Fritz: Você pode nos dizer?
Penny: Como eu sonho? Colorido, vividamente.
Russ: Vagamente. Frequentemente não me lembro.
Fritz: OK. Vamos para outro casal.
Mark: Você quer que eu comece? (Pausa.) Eu estou empacado com seus sonhos, sua impetuosidade sincera, suas qualidades poéticas, seus sonhos.
Fritz: Por sonhos você quer dizer devaneios ou sonhos noturnos?
Mark: (Pausa.)
Jenny: Eu estou empacada por você não querer que eu faça certas coisas, por sua crítica. Eu estou paralisada por seus medos, estou paralisada por seu conservadorismo.
Fritz: O que dizer de seus sonhos noturnos? Você sonha à noite?
Jenny: Sim. Você procura um padrão repetido em meus sonhos?
Fritz: Sim, possivelmente.
Jenny: Não estou consciente de um padrão repetido, mas tenho sonhos.
Fritz: Que dizer de você?
Mark: Eu estava pensando num sonho que ela tem com bastante frequência. Eu estava pensando num — o vão de escada e não há escada. A figura ameaçada que se tornou algo como o...
Jenny: Bem, meus sonhos, geralmente, são sobre aventuras e estar fazendo coisas; coisas que são um tanto angustiantes.
Fritz: OK, muito obrigado. Vejamos o próximo casal.
Sylvia: Eu me sinto como se tivesse que inventar coisas. Não consigo pensar em nada.
Ken: Eu me sinto empacado por seus "empurrões", às vezes suas agressões, suas generalizações "furadas", e suas exigências.
Fritz: O que dizer de seus sonhos? Você tem sonhos noturnos? Sonhos noturnos repetitivos?
Sylvia: Você quer dizer o mesmo todas as vezes?
Fritz: Algo parecido. Sim.
Sylvia: Não. Todos diferentes.
Fritz: E você?

Ken: Oh, eu tive um não faz muito tempo. Era, guardei, pareço haver esquecido.

Fritz: OK.

Ken: Era sobre Sylvia e eu escalando uma montanha com meu gato (risos) e havia um trilho de estrada de ferro subindo a montanha, e eu não podia entender como o trem poderia subir assim direto. E nós estávamos subindo muito alto e meu gato ficava pulando para fora da margem do caminho e então voltava para cima de novo e continuava pulando para baixo...

Fritz: OK.

Judy: Por que você não começa?

Nick: Não me sinto paralisado de jeito nenhum, estou com medo.

Fritz: Diga isto a ela.

Nick: Não me sinto paralisado de jeito nenhum.

Judy: Bem, eu estou paralisada.

Fritz: Diga-lhe como você está paralisada.

Judy: Bem, ele sabe que eu estou paralisada, mas, quero dizer, não há modos específicos de dizer isto, porque sinto que ele é uma pessoa bloqueada, no sentido de que tudo nele está bloqueado. E assim, não posso dizer que estou paralisada por certas coisas sobre ele, porque eu posso ser objetiva e dizer, eu gosto de você, mas em nosso relacionamento você está empacado porque nada sai para fora de você. Mas se eu quero algo, sempre tenho que ir atrás e consegui-lo.

Fritz: Como você sonha?

Nick: Sonho com muito pouca frequência e quando o faço posso geralmente me lembrar numa espécie de estado semiconsciente. Assim que eu me levanto, posso me lembrar muito vividamente, mas nunca depois.

Fritz: E você?

Judy: Sonho à beça, e um estado de ânimo se repete em meus sonhos, embora as circunstâncias mudem sempre. Tenho enquadres muito elaborados, mas sempre o mesmo estado de ânimo.

Fritz: OK. Muito obrigado.

Bill: Sinto que fico paralisado, às vezes, com sua desconfiança, com seu estilo de sujar meu ambiente, por assim dizer. Mudando as coisas em volta, de modo realmente desajeitado. Sinto que às vezes fico tropeçando nelas.

Fritz: E você? Seu nome é?

A Gestalt em Ação   163

Ann: Ann. Há uma porção de coisinhas pelas quais me sinto paralisada na hora com você, mas a principal coisa é toda o aspecto de jogo que jogamos, e há todos tipos de coisinhas em você que me aborrecem quando estamos fazendo isto, você sabe, coisas como, bem, a maior parte das coisas que sinto que coloca sobre mim... Torno-me um tipo de guardião de sua prisão, e me torno a pessoa que, digamos, a limita.

Fritz: Agora, esta é uma observação interessante — eu me torno o guardião de sua prisão — o que levanta a suspeita de que ele necessite de uma prisão em seu enredo de vida. Portanto, você seleciona a pessoa que fornecerá a prisão. Seus enredos de vida são a coisa mais intrincada. É inacreditável, qualquer um escreveria apenas um drama ou uma comédia, e não acreditaria que ele poderia usar todas estas coisas sozinho. Como são seus sonhos?

Ann: Eu sonho um bocado e me lembro um bocado. Tenho dois que reincidem.

Fritz: E você, Bill?

Bill: Eu sonho, suponho, mais ocasionalmente. Há uma espécie de sonho repetido. É um sonho de liberdade.

Fritz: Bom. Muito bom. Prisão-liberdade. (Risos.) Então, o próximo casal.

Dick: Fala logo.

Julie: Eu estou paralisada com sua irritabilidade, sua impaciência, sua atitude de condescendência.

Dick: Eu estou paralisado com uma espécie de, nós, e, hum, com o jeito que tenho de precisar que você me impeça de levar minha impetuosidade a um extremo em que eu...

Fritz: Ele precisa de um freio de poder.

Dick: Será que é isso mesmo? (Risos.)

Fritz: OK. Muito obrigado. Mais casais? Quantos casais temos até agora?

Pergunta: Acho que Nick está tão habituado à palavra "paralisado" e às conotações que você está tentando descobrir das coisas más ou erradas sobre ela quando, você sabe, estamos habituados a esta palavra.

Resposta: Acho que Fritz conseguiu. Eu fiquei imediatamente ressentido por você dizer aquela generalização fantástica sobre pessoas que estão paralisadas. É como algo em que você pensou e viu em muitos casais, e portanto passou a ser verdade para todos, e eu me senti torcido

164 TESTEMUNHA OCULAR DA TERAPIA

por seu clichê, Eu posso dizer que me ressinto das coisas, mas não poderia dizer que estou paralisado por elas.

Pergunta: Isto não quer dizer que estávamos presos pela semântica?

Resposta: Bem, pode ser, pode ser. Quero dizer, eu escolho estar empacado, logo não estou empacado, você sabe. Eu escolhi isto. (Risada.)

Pergunta: A palavra paralisado implica que você quer sair disso?

Resposta: Pode ser que isto seja apenas um problema semântico.

Pergunta: Bem, será que a raça humana vai ficar paralisada pelo casamento muito tempo ainda ou podemos achar uma instituição melhor?

Fritz: Alguns desses casais aqui iriam a um conselheiro matrimonial ou procurariam ajuda para seu casamento? Bem, então, penso que toda a coisa está fora de questão. Você pode fazer um filme sobre casamento, só que a ideia principal é como ajudar a melhorar casamentos terminados. Bem, o que você poderia fazer é melhorar o casamento, como se não estivesse rompendo seus grilhões. (Risos.) OK, o próximo casal. (Ellen e Gordon vêm para a frente.) Agora, a primeira coisa que você observa aqui, e a coisa essencial da terapia gestáltica, é que o não verbal é sempre mais importante que o verbal. As palavras mentem e persuadem, mas a postura, a voz, o comportamento não verbal é verdadeiro. Você já notou? A primeira coisa é uma postura fechada. Qual é seu nome mesmo?

Ellen: Ellen.

Fritz: Ellen. Vocês notam que Ellen é um sistema fechado. As pernas estão fechadas, as mãos estão fechadas. É muito difícil se comunicar com um sistema fechado. Então, você pode me fazer um favor?

Ellen: Hum, hummmm.

Fritz: Veja o que aconteceria se você se abrisse. Como isto a faz sentir-se?

Ellen: Mais à vontade.

Fritz: Então, fale com Gordon e diga-lhe como você está paralisada por ele?

Ellen: Não sei. Não vejo Gordon há muito tempo.

Fritz: Gordon, você poderia dizer a Ellen como você está paralisado por ela?

Gordon: Eu não me sinto paralisado por você agora.

A GESTALT EM AÇÃO   165

Ellen: Não entendi esta palavra. Oh, pensei que você tivesse dito paralisado e estava tentando entender.
Fritz: Paralisado. Paralisado. (Risos.)
Ellen: Não me sinto paralisada por Gordon. Eu sinto, eu me sinto eu mesma.
Fritz: Então, não há queixas em seu casamento?
Ellen: Oh, bem, havia.
Fritz: Mas não há mais.
Ellen: Bem, porque nós não estamos vivendo, nós não estamos vivendo juntos.
Fritz: Então, vocês não estão paralisando um ao outro. (Risos.) Vocês têm alguma fantasia de ficar juntos novamente?
Ellen: Não penso que o faça mais.
Fritz: E sua posição, Gordon?
Gordon: Sinto que há algo incompleto. Nós apenas concordamos em viver separados, mas ainda temos que pensar nas crianças e também há, eu ainda estou preocupado, de algum modo.
Fritz: E você?
Ellen: Bem, eu estou preocupada, mas isto não quer dizer necessariamente ficarmos juntos.
Fritz: Então, o que você quer dele? Você diz que há certas coisas que ainda deveriam ser discutidas. E sobre sua posição? Como você fica?
Ellen: Acho que há muito o que ser discutido. Mas não vejo, não tenho qualquer expectativa especial de, oh, ficar junto ou separado, ou, oh, seja lá o que for.
Fritz: Não importa, de uma maneira ou de outra. Eu não diria isto, "mas!" Você provavelmente tem um "mas" em algum lugar em suas mãos.
Ellen: Talvez você tenha (e ri).
Fritz: Há dois assassinos. Um é o sarcasmo, digamos, o riso malicioso, e o outro é a palavra "mas". Estes dois são os assassinos psicológicos. Primeiro se diz sim. Depois vem o mas. Bum! Há uma estorinha sobre isto. Oh, a mãe diz para a filha, ele é horroroso, mas tem trinta mil dólares. E a filha diz, mamãe, você está tão certa. Ele tem trinta mil dólares, mas é horroroso. (Risos.)

Casais Nº 2

Fritz: Bem, temos um novo casal aqui no grupo, e eu gostaria de ver o que poderia acontecer com pessoas que não foram iniciadas na abordagem gestáltica. Vocês querem se sentar? E seu nome é?

Irwin: Irwin.

Fritz: Irwin. E o seu é?

Nancy: Nancy.

Fritz: Nancy. Vocês poderiam começar conversando um com o outro por uns dois minutos?

Irwin: Oi.

Nancy: Como vai você?

Irwin: Bem. (Pausa.) Você gostou de ficar deitada ao sol?

Nancy: Foi muito repousante. Gostei.

Irwin: Hum, hum. (Pausa.) É difícil falar com você de um certo modo. Não sei o que dizer.

Nancy: Bem, pode ser que você não tenha que dizer nada.

Irwin: Hum, eu me sinto como se, que eu deveria estar dizendo algo. Mas não sei o que dizer. Oh, é a primeira vez que eu olho tanto tempo para seus olhos. Não tenho olhado tanto nos seus olhos. Oh...

Fritz: Então, posso ter só sua opinião? Qual é sua impressão de seu casamento?

Irwin: Oh, em alguns sentidos bom, em outros não tanto. Oh, nos sentidos em que é bom, há algumas vezes um calor entre nós, há um certo carinho. Oh, quando ele não é bom, ou talvez não tão bom, é algumas vezes em que eu fico de senhor e ela fica de "negrinha". Uma espécie de relação senhor-escravo.

Fritz: Bem, vocês veem que o jogo de opressor/oprimido nem sempre está confinado a um conflito interno. Muito frequentemente, gostamos de projetá-lo, representá-lo, e então só nos damos conta do opressor em nós mesmos, não do oprimido, porque o oprimido está sempre lá. E vice-versa, Nancy qual é a sua...

Nancy: Bem, eu penso que muitas vezes eu desempenho o papel de oprimido e então fico ressentida quando imagino que gosto também de brincar de opressor até certo ponto, de certa forma.

Fritz: Sim. Agora, quando vocês trabalharem um com o outro, vamos jogar alguns jogos de casamento. E nada do que digam vai ser levado em conta contra vocês. Quer dizer, se vocês prometerem algo aqui, ou disserem algo,

A Gestalt em Ação

apenas será pertinente à situação aqui. Portanto, quero dizer isto, para que sua fantasia possa ficar mobilizada. Então, vamos jogar primeiro o jogo da evocação. Quando nos dirigimos a alguém, queremos que esta pessoa esteja por perto; sempre chamamos a outra pessoa. Com querida, ou seu filho da puta, ou amorzinho, ou Jesus Cristo. (Risos.) Agora, eu gostaria de fazer este jogo de evocação deste modo. Você diz Nancy e espera um pouco, repete de novo. E você balança a cabeça afirmativamente ou negativamente, e vê se ele pode alcançá-la, simplesmente chamando seu nome.

Irwin: OK. (Suspira.) Nancy... Nancy... Nancy... (Pausa.) Merda.

Nancy: (Ri.)

Irwin: Um cu.

Fritz: Fixe-se apenas ao nome Nancy:

Irwin: Hummmmmmm. OK, Nancy... Nancy... Nancy... Nancy... Nancy... Nancy...

Fritz: Agora vamos inverter isso. Veja se você pode chamá-lo.

Nancy: Irwin. (Pigarreia.) Irwin.

Fritz: (Para Irwin.) Você pode balançar a cabeça afirmativa ou negativamente, de modo que...

Irwin: Hum, hum. Da primeira vez, pensei que você tinha chegado até mim. Da segunda vez... (Balança a cabeça negativamente.)

Nancy: Irwin... Irwin... Irwin... Irwin.

Fritz: Noto que cada vez que ela o chama você está olhando para outro lado. Bem, está acontecendo muita coisa, simplesmente com estes dois nomes. Você sentiu o quanto você vivenciou durante este simples jogo? Este é o melhor teste de comunicação. Agora vamos jogar o jogo do ressentimento. Você diz, Nancy, eu me ressinto disto e disto em você, e você diz uma frase, Irwin, eu me ressinto disso em você. Então, joguem o pingue-pongue do ressentimento.

Irwin: OK. (Suspiro.) Sim. Eu me ressinto de você não manter a casa em ordem como eu gostaria.

Nancy: Eu me ressinto de que você queira que eu mantenha a casa do modo que sua mãe mantém a casa.

Irwin: Oh, eu me ressinto de que você às vezes não entenda o que eu estou sentindo. Você não se sente de acordo comigo.

168   TESTEMUNHA OCULAR DA TERAPIA

Nancy: Eu me ressinto de que você exija de mim que eu me sinta de acordo com você.

Fritz: Notem o que acontece — ela apenas atinge de novo a margem. Você agora dirá uma meia dúzia de frases com "eu me ressinto disso".

Nancy: OK. Certo. Eu me ressinto, oh, eu me ressinto de que você está sempre reclamando de mim.

Irwin: Hummmmmm.

Fritz: Não, dê-nos mais ressentimento.

Nancy: Oh, eu, OK, eu me ressinto de que, oh, de algum modo você me faz sentir culpada. Eu me ressinto de você às vezes não passar mais tempo comigo e as crianças. Eu me ressinto de você às vezes não me encontrar. Oh...

Irwin: Oh, eu me ressinto ao ficar com raiva de você quando algumas vezes põe suas mãos pro alto e sai gritando e imprecando, e não me deixando, você sabe, ficar com raiva. Mas eu me ressinto de você colocar as mãos no ouvido quando estou com raiva de você.

Fritz: Muito bem, vamos fazer o mesmo com "eu aprecio".

Irwin: Oh, OK. Quando eu chamo, eu aprecio que quando chamo, algumas vezes você está por perto. Eu aprecio você me abraçar às vezes e me dar uma agradável sensação de calor, uma agradável sensação de carinho. Eu aprecio, às vezes, suas ideias.

Nancy: E eu reconheço sua força e sua, oh, entrega, certas vezes, quando preciso dela. Oh, eu reconheço seu senso de humor. E reconheço que você traz para casa ideias para serem divididas. Reconheço algo de (pausa) sua espontaneidade.

Irwin: Reconheço sua temeridade. Você deseja assumir mais riscos que eu. De certa maneira.

Fritz: Sim. Voltemos ao jogo de ressentimento. Comecem com ressentimento de novo, e acompanhem seu ressentimento com um "deveria". Por trás de cada ressentimento há uma exigência.

Irwin: Hummmm. Oh, você deveria, oh, sentir que eu às vezes preciso de você. Penso, às vezes que você imagina o que eu vou dizer antes que eu diga, ou algumas vezes como que facilita que eu diga o que quero dizer.

Fritz: Você pode reforçar isto? Diga você deveria fazer isto, você deveria fazer aquilo. Faça suas exigências muito explícitas, de modo que ela saiba onde ela fica.

A GESTALT EM AÇÃO   169

Irwin: OK. Oh, outro dia tive uma espécie de desacordo com um dos professores da escola. E, oh, estava me sentindo mal; eu não parecia poder sair-me bem com ele e me sentia magoado. E quando entrei no quarto, oh, você deveria ter sentido minha mágoa e respondido a ela.

Fritz: Agora dê-lhe um ressentimento, Nancy. Faça uma exigência.

Nancy: Oh, eu me ressinto às vezes de você exigir tanto tempo que eu não tenho tempo para cuidar das coisas de casa que preciso fazer ou de cuidar de outras coisinhas. Você fica demasiadamente magoado se eu, oh, fizer outra coisa que não seja prestar atenção em você. Penso que você deveria gostar de que eu ficasse com você enquanto posso estar por perto e então dizer, ser capaz de dizer até logo.

Fritz: Agora você faça uma exigência a ela.

Irwin: OK, oh, quando eu me sentir fechado, não venha tentando me abrir. Não pule em cima de mim. Não sei o que você poderia fazer — talvez indicar que está prestes a vir até mim. Isto não faz nenhum sentido, mas oh, quando me sinto fechado não venha me invadir. Então quando eu me sentir aberto, fique aberta para mim. Especificamente, às vezes, de manhã, você virá até mim e me abraçará forte e me sentirei fechado — portanto, não me abrace forte quando sentir que eu estou fechado.

Fritz: Nancy, agora você exige.

Nancy: Hum, não quero me sentir tão culpada. Não sei se você me faz sentir culpada ou se eu faço eu mesma me sentir culpada. Mas não acho que você esteja ajudando a situação de alguma forma. Não sei exatamente como lhe dizer para não me fazer sentir culpada, porque isto é bobagem. Mas, hum, acho que você fica meio enrolado nisso de alguma forma.

Fritz: OK. O próximo passo. Ele lhe faz uma exigência e você o está magoando. Você diz, muito bem, se você quer ficar fechado, virei com um machado e o abrirei. Faço isto com ódio desmedido. (Risos.)

Nancy: Hummmm. OK.

Fritz: Esta é a melhor maneira de melhorar os casamentos, quer vocês creiam ou não.

Irwin: Sim. Isto realmente aconteceu na semana passada. (Risos.) Oh, eu me sinto como se estivesse só passeando e sendo eu mesmo e não quero passear com você. Sinto-me como se estivesse indo à escola, sozinho, e fico

170 TESTEMUNHA OCULAR DA TERAPIA

em casa e só preciso de um momento de solidão, e não venha comigo. Fique onde está, fique no divã. E, oh, até logo.

Fritz: Magoe-o.

Nancy: Eu me sinto muito furiosa quanto a você estar fazendo isso. Eu vou...

Fritz: Não, não, não. Isto não é ferir. Quando você for à escola vou me pendurar em você...

Nancy: Sim, vou me pendurar em você.

Fritz: Frustre-o até o fundo.

Nancy: Vou, vou chorar. Terei um ataque de raiva, pularei pra lá e pra cá e direi não vá. Farei com que você se sinta terrivelmente culpado.

Fritz: Vejam, agora ela começa a viver.

Nancy: Oh, sim, certo. (Risos.) Oh, pularei pra lá e pra cá. Farei com que você se sinta muito culpado, dizendo-lhe o quanto você está me deixando de lado e, oh, que você não, que você realmente deveria, que seu dever é ficar comigo.

Fritz: OK. Agora faça-lhe uma exigência. E você, magoe-a. E verá como é bom magoar.

Nancy: Oh, ponha o lixo lá fora.

Irwin: Não, não vou colocar o lixo lá fora. Vou subir a escada e eu tenho que ler e, vejamos, tenho uma porção de coisas para fazer. Estou realmente muito cansado. Você põe o lixo para fora. Oh, tenho que descer e fazer algumas esculturas. Tenho que fazer algo mais importante do que pôr o lixo lá fora. Oh, não vou fazer isso. Você é que deveria fazer.

Fritz: Você faz uma exigência. Magoe-a de novo. Você notou que ela magoa muito melhor e provavelmente também notou no começo que ela é uma boa moça. E, por trás da boa moça e do bom moço, há sempre o pirralho malvado.

Irwin: Bem, deixe ver, OK. Dirija com atenção. Puxe a mudança até o fim e não se esqueça de que você deve estar em 4ª e não na 3ª. Já te disse cem vezes de que acima de 35 você tem que passar a 4ª.

Fritz: Agora frustre-o.

Nancy: Bem, oh, é assim, então não vou além de trinta e cinco. Então não passo a 4ª e isto o ensinará. (Risos.)

Fritz: Bem, agora você faz uma exigência a ele.

Nancy: Oh, eu gostaria de ir à sinfonia, e sei que você não quer ir, então vou procurar alguns de meus amigos e vou com eles.

A GESTALT EM AÇÃO   171

Irwin: Bem, talvez eu vá com você. E, oh, se a música não for do meu agrado, vou reclamar à beça. Vou lhe dizer como ela é chata, e como ela é moderna, e como é uma merda e mostrarei que este tipo de música é muito, oh, demasiadamente novo para mim, e farei com que você se sinta realmente uma piolhenta. Mostrarei que a música é uma merda porque sei que você gosta de música.

Fritz: Agora, joguemos o jogo da concordância. Você faz uma exigência e você exagera no assentimento.

Irwin: Massageie o meu pé, sim?

Nancy: Oh, vou massagear os seus pés. Vou massageá-los a noite toda. Vou massageá-los tanto... que eles ficarão doloridos. (Risos.)

Fritz: Faça uma exigência. Veja se ela é capaz de concordar.

Irwin: OK. Oh (suspira) quando me sinto mal, quando me sinto magoado, quando algo vai mal na escola, você pode vir e me dar tranquilidade, você pode me dizer que o mundo não vai cair aos pedaços e que, oh, que tudo vai bem?

Nancy: Posso tentar. Deveria fazê-lo de modo absurdo?

Fritz: Não, quero testar se você é de todo capaz de ser cooperativa e apoiadora e concordante. Ou se você só é um pirralho malvado.

Nancy: Oh, sim, posso corresponder e oh, talvez, hum...

Fritz: Talvez. Eu tento. Você sabe a linguagem típica do oprimido. Deixem-me repetir o comportamento do opressor/oprimido neste contexto. O opressor é o mandão "certinho". Aquele que diz ao oprimido como se comportar e assim por diante. Frequentemente é direto em suas exigências e ordens. O oprimido diz sim, farei o melhor possível, se puder fazê-lo. Em outras palavras, o oprimido, frequentemente, ganha. O opressor controla e o oprimido fica sob controle. OK. Muito obrigado. Era até aqui que eu queria chegar.

Nancy: Muito obrigada.

Fritz: Então, o próximo casal. Seu nome é?

Marty: Marty.

Susan: Susan.

Fritz: Então, gosto de Marty e de você. Vejam o quanto podemos conseguir na compreensão de frustrar. Começaremos com o jogo do ressentimento. Vamos também começar com o jogo da evocação. (Pausa.)

Marty: OK. Hum, eu me ressinto de você não me dar mais liberdade, e você deveria querer e ser capaz de me dar mais liberdade do que dá.

Susan: Eu me ressinto, oh, de também não ter liberdade. E me ressinto do sentimento de culpa quando a tenho — tomo liberdade.

Marty: Eu me ressinto, eu me ressinto quando você se afasta de mim. Quando você finge estar com raiva.

Fritz: Diga-lhe você deveria. Acompanhe com você deveria.

Marty: (Suspiro.) Você deveria e você não deveria fazer isto.

Fritz: Diga isto de novo.

Marty: E você não deveria fazer isto?

Fritz: Você poderia suprimir o *e*?

Marty: Você não deveria fazer isto.

Fritz: Diga isto de novo.

Marty: Você não deveria fazer isto.

Fritz: Mais alto.

Marty: Você não deveria fazer isto!

Fritz: Grite com ela.

Marty: Você não deveria fazer isto!

Fritz: Você não deveria fazer o quê?

Marty: Você não deveria, você não deveria fingir que está com raiva de mim, quando não está de verdade.

Fritz: Agora dê seu ressentimento para ele, e faça suas exigências muito explicitamente.

Susan: Eu me ressinto quando estou verdadeiramente com raiva de você — de sair andando e não escutar, e você deveria escutar.

Fritz: Diga só, escute, escute, escute.

Susan: Você deveria escutar.

Fritz: De novo.

Susan: Você deveria escutar.

Fritz: Mais alto.

Susan: Você deveria escutar!

Fritz: Você se dá conta do que está fazendo com seu rosto?

Susan: Não.

Fritz: Gostaria que você verbalizasse o que eu vejo em seu rosto. Diga-lhe, eu o desprezo.

Susan: Dizer-lhe que eu o desprezo?

Fritz: Sim.

A Gestalt em Ação

173

Susan: Eu o desprezo.

Fritz: De novo.

Susan: Eu o desprezo.

Fritz: Você pode sentir isto?

Susan: Não.

Fritz: Que sorriso afetado é este seu? Vamos tentar outra formulação que poderia se aproximar mais — Não posso levá-lo a sério.

Susan: Não posso levá-lo a sério.

Fritz: De novo.

Susan: Não posso levá-lo a sério. (Pausa.)

Fritz: Verdade?

Susan: Verdade.

Fritz: Agora reforce isto. Elabore sobre isto.

Susan: Não posso levá-lo a sério porque você não quer que eu o leve a sério e você deveria fazer isto, oh, você não deveria fazer que, não deveria contar estórias em rodeios. Você não deveria me contar as coisas fazendo rodeios. (Suspiro.)

Fritz: O que você vivencia exatamente agora?

Marty: Frustração.

Fritz: Diga isto a ela.

Marty: Eu sinto frustração. Sinto um pouco, como se eu quase não acompanhasse o que você está tentando dizer.

Fritz: Você poderia dizer, por favor diga, eu me recuso a acompanhar o que você diz.

Marty: Eu me recuso a acompanhar o que você diz.

Fritz: Qual é a sua reação?

Susan: Eu acredito nele.

Fritz: Diga isto a ele.

Susan: Eu acredito em você...

Fritz: De novo, com uma voz mais alta.

Susan: Eu acredito em você porque, oh, você faz isto o tempo todo. Desliga seus ouvidos.

Fritz: Acompanhe cada uma de suas frases com "eu o acho ridículo".

Susan: Eu o acho ridículo.

Fritz: Sim. Cada frase daqui pra frente. (Pausa.) O que você vivencia agora?

Marty: Experimento um pequeno espanto, quando você lhe disse para acrescentar, ao final de cada frase, eu o acho ridículo.

174 TESTEMUNHA OCULAR DA TERAPIA

Fritz: Diga isto a ela.

Marty: Senti um pouco engraçado quando Fritz disse para acrescentar ridículo.

Fritz: O que você vivencia agora?

Susan: Eu quero lhe perguntar por que, mas é provável que você não responda porque, então como é — o que é a mesma coisa.

Fritz: Pergunte-lhe por quê.

Susan: Por quê? (Pausa.)

Fritz: Antes de você querer lhe perguntar, o que você vivenciou?

Susan: Eu, hum, me senti verdadeira. Senti que aquilo era verdade, sendo ridículo, em você ser ridículo. E você sabe disso, e é por isso que se sentiu engraçado.

Fritz: (Pausa.) Gostaria de tentar um jogo com vocês.

Você poderia ir até a porta e desempenhar o papel de cristo na cruz? (Pausa.) Agora vá até lá e retire os pregos. Retire-o da cruz.

Marty: Eu tenho uma espada em meu lado.

Susan: Eu não enfiei a espada em seu lado. (Risos.)

Marty: Retire-a.

Fritz: Você pode vir até nós mortais agora?

Marty: Sim. OK.

Fritz: Onde vocês se encontraram? Se você pudesse vê-la pela primeira vez, o que veria?

Marty: Uma moça fisicamente atraente. (Suspiro.) Que eu ainda não conheço mas estou interessado em conhecer.

Fritz: Agora a próxima coisa: observo todo o tempo que você não tem mãos. Suas mãos ainda estão atadas uma à outra. Não, não, mantenha suas mãos desta maneira. Agora converse com ela, toque-a desta maneira, faça amor com ela desta maneira. Veja o que sente se você estiver fechado desse jeito com suas mãos.

Marty: Qual, oh, qual foi o problema quando você acordou hoje de manhã? Notei que você não se sentia bem.

Susan: Minhas costas e minha perna machucadas, quando caí ontem.

Marty: Você se surpreendeu quando Russ não veio hoje?

Susan: Sim.

Fritz: Agora, faça uma volta e toque alguns de nós desse modo, com as mãos algemadas. Agora, você pode abrir as mãos e ver o que sente como tendo mãos? Que você talvez

A GESTALT EM AÇÃO   175

seja capaz de segurar as pessoas. Você pode tentar segurá-la agora? Segurar ou soltar, o que você quiser fazer.

Marty: Suas mãos estão frias.

Fritz: Diga-lhe, eu o boicoto.

Susan: Eu o boicoto...

Fritz: De novo.

Susan: Eu o boicoto.

Fritz: Você pode sentir isto?

Susan: Não.

Marty: (Pausa.) Eu posso.

Fritz: OK, eu queria chegar até aqui. Agora Gordon e Ellen. Ainda temos uns minutos de tempo. Vocês poderiam conversar entre si sobre o que aconteceu desde o último ou primeiro encontro que tiveram aqui?

Ellen: Aqui?

Fritz: Foi há uns dois ou três dias atrás, não?

Ellen: Sim.

Fritz: Conte a ele, e você conte a ela, o que aconteceu. Tentem compartilhar suas experiências — ou você já as discutiram?

Gordon: Não muito. (Pausa.)

Ellen: Bem, eu me lembro que depois de lhe contar algumas das coisas de que eu me ressinto, oh, eu compreendi que eu estava me ressentindo... é de eu ter deixado que algo disso acontecesse.

Fritz: Então, dê-lhe as ordens posteriores. — Você deveria ter...

Ellen: Eu não consigo me lembrar do que eu lhe disse que me ressentia, agora.

Fritz: Muito conveniente. E eu acho que você está mentindo.

Ellen: Acho que posso conseguir. Hum, você não deveria, nunca deveria ter falado comigo de cima para baixo. Você deveria ter-me aceito como igual e ter-me deixado sentir.

Fritz: OK; vamos usar isto. Agora diga-lhe: não fale comigo de cima para baixo, Gordon.

Ellen: Nunca fale comigo de cima para baixo.

Fritz: Mais alto.

Ellen: Nunca fale comigo de cima para baixo.

Fritz: Diga isto com todo seu corpo, agora.

Ellen: Nunca fale comigo de cima para baixo!

Fritz: De novo:

Ellen: Nunca fale comigo de cima para baixo.

176 TESTEMUNHA OCULAR DA TERAPIA

Fritz: Você pode dizer isto mais de suas entranhas que de sua garganta?

Ellen: Não fale comigo de cima para baixo! Não faça isto! E nem ria!

Fritz: Vamos inverter, agora. Você desempenha o papel de Gordon. Fale com ele de cima para baixo.

Ellen: Por que você faz tanta confusão às voltas com as coisas mais complicadas que há para fazer o estúdio — você sabe, você poderia ser um bom artista e fazer uma porção de coisas boas se não tivesse sempre que tentar as coisas complicadas.

Fritz: Vá em frente, infernize-o.

Ellen: Você é ridículo. Está sempre se queixando de não conseguir aprovação. E você, você só faz com que isto seja impossível. Você está sempre derrotando a si mesmo.

Fritz: Diga-lhe sempre o que ele deveria fazer.

Ellen: Você deveria permanecer numa só coisa. Você deveria realmente continuar insistindo numa só coisa e ficar com ela. Você sabe, tempo bastante para fazer algo. (Pausa.) Você não deveria ter que se sentir superior.

Fritz: Você também pode lhe dizer, eu não tenho que me sentir superior?

Ellen: Eu não tenho que me sentir superior.

Fritz: O que aconteceria se você não pudesse se sentir superior — não teria que se sentir superior?

Ellen: Eu apenas me sentiria eu mesma.

Fritz: Então, você poderia tentar com ele? E deixe-o ser como ele é. (Pausa.)

Ellen: Sim, sim.

Ellen: Imagino que esta é sua maneira de ser, e esta é a maneira que você deveria ser então.

Fritz: Você quer dizer isto, ou é apenas para me agradar?

Ellen: Não, penso que quero dizer isto. (Pausa.) Eu penso que quero dizer isto porque sinto, oh, não importa tanto assim para mim.

Gordon: Não acredito em você. — É uma representação — uma virada súbita. Não estou convencido.

Fritz: Você pode tentar minha formulação? Você não encaixa em meu enredo de vida. Você deveria.

Ellen: Eu?

Fritz: Sim. Diga-lhe, você não encaixa em seu enredo de vida. Você deveria ser assim e assado. Não sei o que

A GESTALT EM AÇÃO   177

você quer de mim. — Qual é seu enredo de vida acerca de um marido?

Ellen: Você não. encaixa em meu enredo de vida porque, oh, você deveria estar desejando ser um parceiro compartilhar igualmente. (Pausa.)

Fritz: OK. Você pode agora dizer uma frase com Gordon, eu reconheço isto — seja o que for que você aprecie nele.

Ellen: Oh, eu reconheço, oh, o humor, o...

Fritz: Fale com ele.

Ellen: A excitação.

Fritz: E dê a ele ressentimentos,

Ellen: Eu me ressinto de não ser capaz de me achar neste criativo mundo da arte. Eu me ressinto disto. Ainda me ressinto. disto.

Fritz: Você pode lhe dizer que ele é responsável por você não ser capaz de encontrar a si mesma?

Ellen: Não, na verdade não posso, porque não acredito nisto.

Fritz: Bem, então, onde está o ressentimento?

Ellen: Bem, talvez (ri) o ressentimento tenha, esteja indo embora.

Fritz: Hum, hum, você pode conseguir um equilíbrio. entre ressentimento e reconhecimento? Talvez dizendo muito obrigado. Há algo por que você possa estar agradecida?

Ellen: Oh, sim, seguramente. Estou agradecida por minha, oh, porque tive uma súbita, uma mudança realmente súbita sem dúvida em minha vida, quando o encontrei. E desde então muitas coisas têm sido muito boas. (Pausa.) Estou especialmente agradecida por causa das crianças, e reconheço gostar de algumas das muitas pessoas que encontrei, principalmente por causa de você.

Fritz: OK, vocês podem apertar as mãos?

Ellen: É claro.

Memória e Orgulho

Estou explorando meu material intelectual para descobrir o que posso lhes dar para que continuem a trabalhar sozinhos. Sei que alguns de vocês tiveram algu-

178 TESTEMUNHA OCULAR DA TERAPIA

mas experiências de crescimento que permanecerão com vocês e continuarão, mas gostaria de lhes dar algumas ideias mais gerais sobre como trabalhar sozinhos e com os outros. Para isto, precisamos falar um pouco mais sobre o material de projeção. A maior parte do que desejamos alienar de nós mesmos é projetada — ou nos sonhos ou no mundo. Agora, muitas pessoas sofrem de autorreferência. Alguém aqui sofre? (Risos.) OK. Você poderia vir para a frente? (Dawn vem para a cadeira quente. É uma jovem alta, magra, de cerca de 23 anos.)

Dawn: Eu me senti muito alta quando atravessei a sala, e me senti autoconsciente de... de que eu...

Fritz: OK. Tome assento. (Aponta para a cadeira vazia.) Agora desempenhe o papel da plateia.

Dawn: (Pausa.) Você é muito grande. Oh, você é, na verdade, um pouco desajeitada. Hum...

Fritz: Mude de assento. Agora, repare nisto. Alguém notou, quando ela veio, que ela era muito grande? (vozes discordando) Nem uma pessoa. (Para Dawn) Não é assombroso?

Dawn: Hum, é que quando me levanto e todo mundo fica sentado, eu me sinto como na terra de Lilliput.

Fritz: Perdão?

Dawn: Sinto-me como na terra de Lilliput.

Fritz: Ah, isto é diferente. Agora, levante-se. Agora você é o gigante e olha para nós, os lilliputianos. (Risos.) Converse conosco.

Dawn: (Numa voz grossa.) Alô, vocês aí em baixo. Não tenham medo de mim.

Fritz: Você ainda se sente autorreferente.

Dawn: Sinto-me como se estivesse me contendo.

Fritz: Onde? O quê?

Dawn: Aqui. (Indica a pélvis.) Eu sou, eu me sinto bastante poderosa, mas não estou deixando sair.

Fritz: OK. Sente-se aqui. Diga a Dawn, não deixe sair seu poder.

Dawn: Não deixe seu poder sair.

Fritz: Vá em frente, dê-lhe o que fazer.

Dawn: Oh, devo ser eu o poder? Eu sou a plateia.

Fritz: Vamos chamar isto de suas inibições. Você é seu "não faça".

Dawn: Não vou deixar seu poder sair. Oh, escute-me, porque estou realmente protegendo-o. O que eles pensa-

A GESTALT EM AÇÃO 179

rão, quando souberem o que você pensa de você mesma? (Muda de assento.) Eles poderiam ficar com medo de mim.

Fritz: Agora você pode mudar o "eles" para "vocês" e dizer isto à plateia?

Dawn: Vocês poderiam ficar com medo de mim.

Fritz: De novo.

Dawn: Vocês poderiam ficar com medo de mim.

Fritz: Agora, fique de pé e diga esta frase como se fosse um gigante.

Dawn: Vocês *ficariam* com medo de mim. (Suspiro.) Vocês poderiam não ficar com medo de mim. Vocês poderiam, oh, vocês poderiam pensar que esta é uma ideia idiota. Vocês poderiam rir de mim.

Fritz: OK. Ria de Dawn. (Ela ri.) Deboche dela.

Dawn: Sua menina boba. (Pausa.) Por que você não pode ser exatamente o que você é?

Fritz: OK, levante-se e diga isto para nós. Deboche de nós. Diga-nos como somos bobos.

Dawn: Vocês são bastante bobos, mas eu... eu não lhes diria isto. Não os magoaria dizendo-lhes isto.

Fritz: Diga isto de novo.

Dawn: Eu não os magoaria dizendo-lhes isto.

Fritz: Você pode fazer o contrário? Magoe-se. Coloque-os na cadeira e magoe-os. Faça-os chorar.

Dawn: Seus bobos. Esperando por *respostas* aqui. Ousando pensar que aqui há respostas. Vocês todos parecem tão idiotas. Vocês não vão descobrir nada desse jeito.

Fritz: Agora diga isto realmente para os membros do grupo.

Dawn: Vocês não vão descobrir nada desse jeito. (Olha para o grupo em volta.) E ainda sorriem. (Para Marek.)

Marek: Mas eu estou descobrindo. Você está descobrindo uma porção de coisas sobre você mesma. Compartilho uma porção de seus sentimentos a respeito de toda esta situação e quão falsa (inautêntica) ela é. Mas é uma estrada longa e talvez este seja um passo. (Pausa.) Nenhum sorriso.

Fritz: (Para Dawn.) Como você se sente agora?

Dawn: Hum... (fungando) menor.

Fritz: OK. Gostaria que você (indica Marek) colocasse a inautenticidade naquela cadeira. Fale com a inautenticidade.

180 TESTEMUNHA OCULAR DA TERAPIA

Marek: A inautenticidade está sentada naquela cadeira. (Pausa.) Inautenticidade, inautenticidade, pretensão. Tenho que sentir a palavra. Inautenticidade, você vai nos contar tudo, onde está tudo. Você sabe. Sabe que não sabemos. Que sabemos fragmentos. Que sabemos chorar e sorrir — que sabemos sobre certas facetas de nós mesmos, mas você sabe tudo.

Fritz: Desempenhe o papel da inautenticidade.

Marek: (Suspiro.) Bem, trata-se daquelas brincadeiras que vou fazer com suas cabeças, mas elas poderiam significar alguma coisa. Depende de vocês. Eu posso ser inautêntica, mas dependo de vocês para compreender que vocês são inautênticos e talvez... eu mesma esteja sendo inautêntica, bem agora, porque realmente não me sinto... sinto um bocado de tensão. Gostaria de me retirar nesse ponto. A inautenticidade vai se retirar para dentro de si própria. (Ri.) Inautenticidade, sinto um bocado de tremor por dentro. Todas as minhas entranhas estão vibrando.

Fritz: Você acha que vibrar é inautêntico?

Marek: Não. Pois a inautenticidade é real. Exatamente onde estou agora é inautenticidade. Portanto (suspiro) se vou ser inautêntica, então sinto-me realmente forte.

Fritz: Sim. Agora, espere um pouco, inautenticidade. Quero torná-la real, porque seu apoio é sua vibração. Você pode dançar a sua vibração?

Marek: (Anda ao redor, balança os braços.) Sim, um pouco dela. Sim. Um pouco.

Fritz: Então, volte atrás. Fale uma vez mais com a inautenticidade.

Marek: Perdi o contato com você, inautenticidade. Gosto de me sentir eu mesmo. Sinto meu coração batendo. Não vejo... Vejo um assento. Sinto uma dor nos pés por haver saltado. Este é um sentimento real. E vejo pessoas na sala — Gordon, Ann. Você mesmo. Você.

Fritz: O que aconteceu com sua careta? (Ri.) Agora está de volta.

Marek: Sim. Bem, quero dizer, eu... algum sorriso pode ser possível, não é?

Fritz: OK, vocês notam outra bela polaridade — a inautenticidade e o inverso, ser real e autêntico. Agora vamos terminar colocando aquela careta na cadeira. Fale com sua careta.

A GESTALT EM AÇÃO   181

Marek: Careta, não gosto de você. Mas você esconde seus dentes tortos por trás disso, e quando eles endireitaram, você tentou sorrir. Eu preferia ver você... preferia ver você do que o que você tinha antes. Era um emaranhado. (Explode, chuta o assento e então mostra uma cadeira.) Aqueles porcos de Hitler fodidos! (Irwin o detém.)

Fritz: OK. Feche os olhos e preste atenção a sua respiração.

Marek: (Pausa, Marek respira profundamente.) Tenho cinco anos e meio de idade. (Chorando, então para.) Não, não acredito. Não quero retomar até lá.

Fritz: OK. Agora, feche os olhos, Você tem cinco anos e meio de novo. O que você encontra lá?

Marek: (Suspira.) Estamos a trinta quilômetros de Varsóvia. Eles a estão queimando. São *partisans*. Há um homem gordo da S.S. Ele tem um rosto grande e vermelho. Ele me suspende em seus ombros. (Suspiro.) Não, não...

Fritz: O que você vê realmente? Com seus olhos fechados. Agora isto é muito importante. Ouça-me. Não tente se lembrar. Tenha apenas cinco anos e meio de idade e conte-me o que você vê: sinta e escute.

Marek: (Pausa.) Tenho cinco anos e meio. (Ri.) Estou brincando num jardim com um amigo. (Suspiro.) Estão nos cercando. Os *partisans* nos roubam. Os alemães.

Fritz: Você vê isto?

Marek: Sim. Eu os vejo. São...

Fritz: O que você vê?

Marek: São três. Vêm vindo para a casa. É uma grande mansão. Tenho que... quero ir até a casa e avisar a todo mundo... bem, eu sei, você não pode me fazer voltar lá. Desculpe. Isto é tudo.

Fritz: Diga isto para mim.

Marek: Não. Como se eu estivesse no Canadá, moço. (Ri.) É isso.

Fritz: Você quer preservar esta lembrança. Para que você necessita dessa lembrança?

Marek: Para bater com ela eu mesmo em minha cabeça.

Fritz: Em quem mais você quer bater na cabeça?

Marek: Em todos. Acho que fiz exatamente isto. (Pausa.)

182 TESTEMUNHA OCULAR DA TERAPIA

Fritz: Volte para nós de novo. (Marek olha em torno da sala)

Marek: Bem, se lhes pareci hostil, está aí, e há um bocado de ódio. Há um bocado de ódio por cada um de vocês, mas talvez haja também um bocado de amor. Não muito. Mas algum.

Fritz: OK. Feche os olhos. Volte atrás de novo. Entre na máquina do tempo e seja uma criança de novo.

Marek: Hum, estou no corredor de Uka Vitza, que é cerca de trinta quilômetros de Varsóvia. É... estou neste corredor. Há um homem estranho no fim deste corredor. Ele está pintando. Ninguém pode se aproximar dele. (Olha para Fritz.) Você é o velho Fritz.

Fritz: Olhe para mim. Sou o homem velho?

Marek: (Ri.) Não.

Fritz: Ponha o velho na cadeira e compare-o comigo. Quais são as semelhanças e diferenças?

Marek: A semelhança é que você, velho, quando eu tinha cinco anos e meio... você está no fim do vestíbulo, e eu estou me aproximando de você. Fritz, você parece estar no final de uma avenida de pessoas e eu também estou me aproximando de você. Você tem cabelos grisalhos e ele tem cabelos grisalhos. Ele é um pintor e você pinta com tudo que você faz. Você é um escultor de pessoas. É um artista. E ele é um artista.

Fritz: E como somos diferentes?

Marek: Você fala. Ele nunca disse uma palavra.

Fritz: Diga-lhe isto agora.

Marek: Você nunca falou uma palavra. Mas você era sempre diferente porque você pintava e foi quando comecei a pintar. E imagino (volta-se para Fritz) que você também está me ensinando alguma coisa também. (Pausa.) Você é duas pessoas diferentes.

Fritz: Você pode compreender isto agora?

Marek: Oh, sim.

Fritz: OK. Agora volte aos alemães. Ao desagradável.

Fritz: Qual a sua objeção?

Marek: Eu objeto.

Fritz: Qual é a sua objeção?

Marek: Que aconteceu há muito tempo atrás.

Fritz: Você ainda está carregando isto com você.

Marek: Carregarei por muito tempo, provavelmente.

A GESTALT EM AÇÃO   183

Fritz: Você pode falar com aquela memória mais uma vez? Diga, lembrança, não deixarei você ir embora... Eu a estreito em meu peito, carrego-a dia e noite.

Marek: Lembrança, vou carregá-la em meu peito dia e noite. Não, não é verdade. Não, eu o imagino... (Ri.) Estou me retirando para a inautenticidade, talvez.

Fritz: Mude de assento. Seja a lembrança.

Marek: (Suspiro.) Marek, você não pode se livrar de mim... Eu sou você. Você gosta de mim. Faz com que se sinta bem. Faz com que se sinta melhor que cada um dos outros. Você sofreu, garoto. Portanto, vou ficar com você... todos os outros tiveram moleza. E você sabe que está errado. (Pausa.)

Fritz: O que está acontecendo agora?

Marek: Eu, oh, pensei — lembranças — não é importante agora.

Fritz: Diga, até logo, lembranças.

Marek: Até logo. (Risos.)

Fritz: Nietzsche disse uma vez que a memória e o orgulho estavam brigando. A memória disse que era aquilo e o orgulho disse que não poderia ter sido. E a memória desistiu. Vejam vocês, tratamos a memória. como algo pertencente ao agora. Se a memória for verdadeira ou distorcida, ainda assim a mantemos. Não a assimilamos. Nós a mantemos como um campo de batalha ou uma justificativa para algo. Na realidade não necessitamos dela. Assim, penso que terminamos por esta manhã.

Filosofia do Óbvio

Gostaria de chamar a terapia gestáltica de filosofia do óbvio. Acreditamos no óbvio. Mas quando o examinamos um pouco mais de perto, vemos que por trás do que chamamos óbvio há um porção de preconceitos, fé distorcida, crenças e assim por diante. Mas a fim de atingir e entender o óbvio, temos primeiro que nos agarrar ao óbvio, e esta é a maior dificuldade. Todos nós queremos ser sagazes ou secretos, ou tencionamos ser algo que valha a pena e assim por diante.

Vocês observaram que dificuldades todos vocês têm em lidar com o óbvio. Um neurótico é simplesmente uma pessoa que não vê o óbvio. Mas, a fim de lidar com o óbvio,

184 TESTEMUNHA OCULAR DA TERAPIA

vocês têm primeiro que se ater ao óbvio. Agora, o fator mais óbvio que encontramos em nossa esfera é o fato de que temos dois níveis de existência — um mundo interno e um mundo externo. E o mundo interno, geralmente chamado de mente, mostra-se como se fosse algo diferente ou oposto ao mundo externo. Uma das características desse mundo interno é seu modo de ser homeopático. A homeopatia é um certo ramo da medicina, considerado efetivo porém de modo diminuto. Agora, o que quero dizer por modo homeopático de atuação da mente é isto: você quer comprar um pedaço de pão, então você não atravessa a rua em direção a uma loja de peles e pede pão. Então a próxima é um banco; você não entra lá e pede pão. Não, primeiramente você ensaia. Mesmo que o ensaio leve uma fração de segundo. Você passa os olhos sobre as possibilidades — este é o lugar aonde vou e compro o pão. Assim, este ensaio na fantasia economiza uma porção de trabalho. E nós fazemos uma porção de planejamento em fantasia. Agora, a mente sadia é uma espécie de edição de rascunho da realidade. Ambas concordam. São idênticas numa escala menor.

A Gestalt que se forma em nossa fantasia tem que coincidir com a Gestalt no mundo externo a fim de chegar a uma conclusão para lidar com a vida — para acabar a situação e assim por diante. Quando não há conexão entre as duas, tem-se então a pessoa que vive em expectativas maravilhosas e catastróficas o tempo todo — imaginando que será rica e famosa e assim por diante. Ou, se você tiver uma expectativa catastrófica, imaginará todo o tempo que será punido, as pessoas não gostarão de você. E a falta de verificação, a falta de conseguir o equilíbrio entre os dois equivale às muitas distorções e catástrofes reais na vida.

Agora, há uma região onde somos realmente insanos, onde temos uma vida de insanidade realmente particular — uma vida interna desconectada do mundo externo, e esta é o sonho. O sonho parece ser real. Enquanto você sonha, você está realmente naquela situação. Você realmente experimenta isto como sendo sua existência real. Especialmente se você for um autofrustrador — então você sonha em termos de pesadelos. Você quer lidar com a situação e adquirir algo — e repetidamente frustra a si mesmo. Você se impede de adquirir o que quer adquirir.

A GESTALT EM AÇÃO   185

Mas você não experimenta isto enquanto o está fazendo. Experimenta-o como algum outro poder que o está impedindo.

Agora, nós começamos ontem com o ir e vir entre estar em contato com o mundo externo e entrar em contato consigo mesmo. E uma vez que vocês entraram em contato com vocês mesmos, algo se abriu. E se houver uma conexão direta, uma comunicação direta entre o si mesmo e o mundo, você funciona bem — então seu potencial está à disposição, você pode se apoiar em seus próprios recursos. Mas se você tenta se retirar, e não pode se retirar para você mesmo, e sim para aquele núcleo — aquela parte psicótica em nós mesmos, a vida de fantasia, como o computador, a conceitualização, a explicação, as fugas para as lembranças, para o passado — então você nunca consegue atingir seu próprio si-mesmo. Como Freud nunca atingiu o si-mesmo — sempre ficando paralisado com o ego. O que podemos fazer para entender e fazer uso completo dos sonhos é compreender que este mundo interno de sonhos é também nosso enredo de vida, e é um modo muito mais explícito de nosso enredo de vida.

Assim como em nossa vida diária encontramos pessoas e lidamos com pessoas, assim fazemos nos sonhos. Somente isto constitui a beleza do sonho. O sonho preenche muito mais funções que apenas esta — mas podemos começar com o fato de que encontramos as pessoas que são as coisas dos sonhos e que cada pedacinho do sonho, cada outra pessoa, outra coisa, cada ânimo, é parte de nosso si-mesmo fracionado. Agora, isto é tão importante que gostaria de reformulá-lo de novo. Somos como estamos hoje — pessoas fracionadas — pessoas divididas em porções e pedaços. E não há utilidade em analisar estas porções e pedaços e recortá-las ainda mais. O que queremos fazer na terapia gestáltica é integrar todas as partes dispersadas, despossuídas e alienadas do si-mesmo e fazer a pessoa ficar inteira de novo. Uma pessoa integrada é aquela que funciona bem, pode repousar em seus próprios recursos, e pode reassumir seu crescimento, onde quer que o tenha paralisado.

Assim, o que eu gostaria de fazer é de novo começar com base no trabalho de sonho, e tenho que dizer isto: quando vocês encontrarem uma pessoa, e esta pessoa sentir a necessidade de lhes contar um sonho, ela o contará como uma estória. Agora, este é o primeiro passo — a

186 Testemunha Ocular da Terapia

estória. O segundo passo é reviver o sonho, e conseguimos isto fazendo apenas uma mudança gramatical. Em vez de contarmos a estória, contamos um drama. E fazemos isto simplesmente cambiando o tempo passado para o presente. Estou escalando uma montanha. Lá acontece isto e aquilo. O terceiro passo é desempenharmos o papel de diretor de palco, arrumamos o palco. Aqui está a montanha. Aqui estou eu. Vocês notam, devagar estamos tendo um desempenho vivo do sonho. E geralmente recuperamos bastante da vivacidade do sonho. Começamos a compreender que somos o autor, somos o diretor de palco. Então, damos o próximo passo e fazemos mais. Tornamo-nos não apenas o autor e diretor de palco, também nos tornamos o ator e adereços e tudo que lá está. E então vemos que há inúmeros encontros possíveis. Inúmeras oportunidades para duas coisas: uma é integrar o conflito e outra é a reidentificação com as partes alienadas. Se alienamos partes de nós mesmos — se estamos destituídos delas — nós as repossuímos, nos reidentificando, tornando-nos de novo aquelas partes. Temos que nos tornar o vilão e o demônio, e compreender que estas são partes nossas, projetadas fora de nós mesmos.

Assim, encontramos, pela primeira vez, a ideia de projeção. A projeção é o destituir-se de uma parte de nós mesmos que então aparece no mundo externo, nosso mundo pessoal, e cessa de ser uma parte de nós mesmos. Agora, o assimilar de muitas dessas partes é desagradável. Não gostamos de compreender que somos uma cloaca ou um policial. É aí que surge o momento de aprender a sofrer. Sofrer desde o momento em que surge a ideia de que somos uma cloaca ou um policial — e então, subitamente, percebemos que existem energias valiosas escondidas nestas projeções. Podemos assimilá-las e integrá-las de novo. Há muito mais coisas sobre o sonho que não quero mencionar agora. Mas uma coisa é esta: você não precisa trabalhar com o sonho inteiro. Mesmo se você só tomar um sonho e se reidentificar com uns poucos itens, cada vez que você assimilar um item você crescerá. Aumentará seu potencial. Você começa a mudar.

Portanto, primeiro vamos trabalhar um pouco nestes pequenos pedaços e amostras. Vamos pelos quatro estágios com alguns de vocês, só para ter a ideia de como

A GESTALT EM AÇÃO   187

fazê-lo sistematicamente com proveito. Quem quer ser voluntário?

Russ: Eu estava nesta montanha, parecendo com estes morros aqui atrás, e havia um amigo meu, um amigo íntimo, e ele estava sentado em seus joelhos. E ele parecia bem. E ele tinha um pote, um prato azul e uma espécie de tigela, como que dispostos em linha.

Fritz: Bom. Agora dê o segundo passo. Conte todo pedaço do sonho — imagino que não é o sonho inteiro — tome o todo, o mesmo pedaço de novo, no tempo presente.

Russ: Chris está sentado — você está sentado bem em frente de mim. Em seus joelhos. E bem em frente de você eu vejo um pote, um prato azul e uma tigela. (Para Fritz) Prossigo com o resto?

Fritz: Não. Só quero tomar pedaços para conseguir que você organize o palco. Faça disto uma peça. Este é seu palco. Onde ele se senta, onde está o prato, e assim por diante.

Russ: Chris, aqui está Chris, aqui está o pote, o prato e a tigela, e então, no fundo, as montanhas, e então uma espécie de palha, grama ressecada, em volta. Estou exatamente lá, olhando. Eu estava subindo a trilha que acompanha a montanha, dando a volta por trás dela. E então, simplesmente, parei.

Fritz: Você pode fazer isto mais uma vez? Acho que você está um pouco preguiçoso. Levante-se, e realmente arrume o palco, mostre-nos todo o drama.

Russ: A trilha — vem até aqui em cima e continua...

Fritz: Onde? Onde?

Russ: Perdão?

Fritz: Continue em volta da montanha.

Russ: Vejo-o depois, Chris.

Fritz: OK.

Russ: Ei-lo de novo. (Caminha em círculo, para em frente à cadeira quente.)

Fritz: Não olhe para mim agora. Você produz, você fala com os diferentes atores. Você é agora o produtor.

Russ: (Encolhe os ombros, aparentando indiferença.) Bem, o que está acontecendo? Que são estas coisas? O pote, o prato e a tigela. O que você está fazendo? (Volta a ser Chris.) Veja isto. (Toma o prato e começa a girar em volta como num jogo, demonstrando-o com um movimen-

188 TESTEMUNHA OCULAR DA TERAPIA

to circular das mãos) Veja isto. Agora, o que você acha que está debaixo do pote? O prato azul. O que você acha que está debaixo deste prato azul? O pote.

Fritz: OK. Agora você começa a ser os diferentes atores. Seja seu amigo, seja o prato, seja a trilha. E se tiver dificuldade, comece dizendo assim: se eu fosse a trilha, teria este e aquele tipo de existência. Deixe-me adverti-lo, só há um grande erro que você pode fazer. É interpretar. Se você começar a interpretar, está perdido. Você faz disso um jogo intelectual, freudiano, e, na melhor das hipóteses, estará arquivando alguns *insights* muito interessantes dentro de algum arquivo, e se certificando de que não acontecerá nada de novo. Não interprete, seja apenas aquela coisa, aquele prato, aquele pote, seja aquele seu amigo.

Russ: Chris, veja isto, Russ. Veja o que posso fazer. Veja se pode continuar comigo. É como se fosse ilusório.

Fritz: Agora, por exemplo, se nós já estivéssemos trabalhando nele, eu lhe diria agora, vire-se.

Russ: Você quer dizer, agora?

Fritz: Vire-se. Seja o mesmo rapaz e mostre isto à plateia.

Russ: (Para o grupo.) Vejam isto. Vejam se podem continuar com isto. É desgraçadamente rápido. Agora, o que vocês pensam que há sob este pote? O prato, certo? OK; agora, o que pensam que está sob o prato? O pote. O que vocês pensam que está sob o pote? O prato — tudo ao mesmo tempo.

Fritz: Agora, vocês notam como ele se comporta diferente do rapaz tímido de ontem? Você se sente confortável nesse papel, bem agora?

Russ: Sinto-me confortável e evasivo ao extremo.

Fritz: Bom. Então, seja outra coisa diferente. Seja a trilha.

Russ: OK. (Pausa.) Sou a trilha.

Fritz: Qual é seu objetivo, trilha? Qual é sua forma e suas condições?

Russ: Sou uma trilha. Estou nesta montanha. Sou uma trilha simpática. É confortável. Não é muito difícil andar em mim.

Fritz: Diga isto de novo.

Russ: Não é muito difícil andar em mim. (Pausa.) Há uma porção de paisagens agradáveis em meu caminho.

A GESTALT EM AÇÃO   189

Lugares gostosos de se ir. Há uns poucos locais de acampamento. Eu, oh, vou até o topo da montanha. As pessoas sobem em mim até o topo.

Fritz: Diga isto de novo.

Russ: As pessoas sobem em mim até o topo. (Pausa.) Isto machuca.

Fritz: Veja. Você não interpretou. Algo surgiu.

Russ: Russ está andando em cima de mim agora. Mas ele parou. Está com Chris, agora. Ainda está em cima de mim.

Fritz: Bom. Agora temos aqui um encontro definido, que podemos usar. Sente-se aqui. Interrompemos o sonho agora para um pouco de encontro. Você é a trilha e há Russ. (Aponta para a cadeira vazia.) E vocês dois falam um com o outro. Escreva o enredo.

Russ: Você está andando sobre mim, eu sei. Você não é tão ruim. Suas botas são um tanto pesadas, mais que a maioria. (Volta-se para Chris.) Bem, acho que elas têm que assegurar uma boa tração, você sabe. (Russ.) Você me usa. Eu, você esteve andando sobre mim um bocado, companheiro, com botas pesadas. Por que não sai de mim? Por que você precisa de uma trilha fodida? Merda, você não precisa de mim. Você tem suas botas grandes, vá fazer suas próprias coisas. (Chris.) Se eu sair de você, trilha, poderia me perder. Poderia cair. Você é segura. Você é regular — tudo foi arrumado. Alguém mais já foi lá, e, como digo, não posso me perder.

Fritz: Muito bem, quero interromper aqui. Vocês notam que algo já está começando a acontecer. Você se sente mobilizado.

Russ: Sim.

Fritz: Nós nos aproximamos um pouquinho de um segmento de um sonho, fizemos uma parcela do trabalho. Na realidade, acredito que se alguém toma um sonho e completa seu trabalho, é toda a terapia que se requer. Só que o que acontece usualmente é que uma vez que se está desenvolvendo um pouco mais de nossa personalidade. vem outro sonho, que nos envia outra mensagem existencial. Este, para mim, é o significado do sonho — uma mensagem existencial. Não é apenas uma situação inacabada, não é apenas um problema atual, não é apenas um sintoma ou uma formação de caráter. É um significado existencial, uma mensagem. Refere-se à sua existência

190   TESTEMUNHA OCULAR DA TERAPIA

total. a todo seu enredo de vida. OK. Tentemos alguém mais. (Ann vai para a cadeira quente.) Seu nome é?

Ann: Ann. Este é um sonho que tenho frequentemente, com detalhes que variam muito pouco, e não é...

Fritz: Interrompemos de novo. Estes são os sonhos mais importantes, e aqui assumo um ponto de vista inteiramente diferente de Freud. Freud viu a compulsão à repetição — ter que repetir algo vez após outra — e concluiu que isto era função do instinto de morte. Acredito que estes sonhos repetitivos são uma tentativa de chegar a uma conclusão, chegar a um fechamento. Temos que tirar o obstáculo do caminho, de modo que a pessoa possa acabar a situação, fechar a Gestalt, e então prosseguir para um desenvolvimento posterior. E vocês podem ter certeza de que se há um sonho repetitivo, trata-se de um ponto existencial muito importante em pauta.

Ann: Estou viajando num trem, com um grupo. Estamos indo para algum lugar — não sei onde. Mas paramos numa estação e eu abandono o grupo. Meu marido é sempre parte do grupo, porém o abandono também... Ele está indo para outro lugar. Eu pego um outro trem sozinha. Aí percebo que esqueci qual era meu destino. Quando tento me localizar percebo que não me lembro onde estava antes, de modo que não posso me localizar nem olhando para trás.

Fritz: OK. Vamos começar pelo início. Você já pulou o primeiro passo, disse a história no presente. Então, agora assuma o palco.

Ann: Estou viajando num trem com grupo muito apertado de pessoas. Não sei bem... Não sinto estas pessoas, oh, como amigas ou estranhas ou qualquer outra coisa. Estamos todos só indo, juntos, e sentados, de alguma forma, neste grupo. Estamos como que nos sacudindo, pelo balanço do movimento do trem. (Faz uma pausa e se balança num movimento de embalo.) Não sinto que estejamos realmente nos comunicando ou que haja algo em particular. Só nos movendo. Chegamos nesta estação e o grupo parece se dispersar, de alguma forma. Descemos do trem.

Fritz: Agora você pode ser o diretor e dizer a cada um deles o que tem que fazer? Notei que você estava de novo sentada no seu canto, não descendo do trem e não começando a se comunicar.

A Gestalt em Ação 191

Ann: OK. Nós descemos do trem, agora. E chegamos a uma grande estação, com pilares grandes. Uma dessas velhas estações grandes de pedra cinza com pilares imensos. E, de fato, não vamos para dentro de qualquer sala. Permanecemos fora, no grande vestíbulo, com os pilares. E permaneço bem perto de um pilar e não falo com ninguém. Sinto que o outro grupo está aqui em volta, mas nós, de fato, não nos contactamos.

Fritz: Muito bem. Posso sugerir que você escolha o pilar? Desempenhe o papel do pilar e o da estação. Se você fosse o pilar, que tipo de existência você levaria?

Ann: Sendo um pilar nesta imensa estação ferroviária velha, vejo muitas pessoas virem e irem aqui. Algumas parecem saber onde estão indo e algumas parecem ficar bem junto a mim para se apoiarem. (Começa a chorar.)

Fritz: Algo começa a acontecer. Agora seja a estação.

Ann: Sou uma velha estação ferroviária grande e sólida. Uma porção de gente passa por mim... e eu lhes dou algum conforto. E é uma espécie de lugar para as pessoas ficarem quando param ou quando estão indo para algum lugar. Se as pessoas querem vir para dentro, tenho comida para elas, e salas de repouso e um lugar para se sentarem e ficarem à vontade.

Fritz: OK. Vamos usar isto para um encontro. Sente-se aqui. Você é Ann, e esta é a estação. Ambas conversam, uma com a outra. Imagino que você já notou o quanto da personalidade tem sido expressado pelas diferentes essências. Não as chamo de símbolos, são essências da personalidade.

Ann: Vim até você, estação, no trem, e parei aqui com o grupo, mas não entrei (seca os olhos) para onde poderia achar algum conforto (chorando) ou achar alguém que poderia cuidar de mim. (Estação.) Por que você não quis? Por que você não quis parar, sentar-se, comer algo, e como que descansar um pouco antes de ter ido embora? Para isto é que existem as estações. (Ann.) Tenho um pouco de medo de parar e ficar à vontade. Sinto que tenho que ficar me movimentando, mesmo que eu não saiba aonde estou indo. (Estação.) Por que você... Não faz qualquer sentido você ficar se movimentando ou pegando outro trem, e descendo em algum lugar, e sem mesmo saber onde esteve e para onde vai ou... você tem amigos aqui e você os deixa para trás.

192   TESTEMUNHA OCULAR DA TERAPIA

Fritz: Bem, isto já soa como uma pequena parcela de uma mensagem existencial. OK. Eu queria chegar até aqui.

O Sonho de Madeline

Assim que rompi com Freud e com a psicanálise, escrevi um livro chamado *Ego Hunger and Agression* e produzi, diria, três novas teorias — a teoria do dar-se conta, a teoria do eu, e a teoria da agressão. Agora vocês sabem que a teoria da conscientização é amplamente aceita sob todos os tipos de nomes — grupos de encontro, expansão de conscientização, e assim por diante. Todo o ímpeto do conscientizar-se está se tornando moda nos Estados Unidos. Por exemplo, um pouquinho de agressão é aceita, não como uma coisa má, mas uma função biológica do organismo. Especialmente dos dentes e da assimilação. A agressão é com demasiada frequência igualada à hostilidade, e assim por diante. Novamente, não quero ir até os detalhes da teoria — só quero mencionar que esta agressão é requerida para assimilar o mundo. Se não assimilamos o que está disponível, não podemos fazer com que seja parte de nós mesmos. Fica sendo um corpo estranho em nossos corpos — algo que Freud reconheceu sob o nome de introjeção. E isto nos conduz à teoria do ego. Freud viu o ego, que em alemão é o mesmo que "eu", como um conglomerado de substâncias estranhas que, se isto é verdade, permaneceriam como corpos estranhos em nosso organismo. Agora, aqui de novo é onde surge o mérito da abordagem gestáltica. Uma Gestalt é sempre diferenciada em figura e fundo, e a relação entre a figura e o fundo é chamada "significado". Em outras palavras, de acordo com minhas ideias, assim que você recorta alguma coisa para fora de seu contexto, ela perde ou distorce seu significado. Agora, esta relação figura e fundo se aplica muito ao eu. O eu é um símbolo de identificação. Deixem-me comparar os dois contextos.

O enfoque semântico total é completamente trocado. Há apenas duas abordagens semânticas conhecidas. Uma é o chamado enfoque absoluto — uma coisa significa o que é, ou como é definida pelo dicionário ou seja o que for. O significado de uma árvore é somente o que está sendo descrito, como na chamada semântica absoluta. A

A GESTALT EM AÇÃO   193

outra é a semântica de Alice no País das Maravilhas. Uma coisa significa o que quero que signifique. A abordagem gestáltica é diferente. Diz que um significado é uma criação deste momento de relacionamento da figura em primeiro plano com o seu fundo. Em outras palavras, assim que você recorta alguma coisa de seu contexto ela perde ou distorce seu significado. Faça a ideia de uma rainha. Num jogo de xadrez, ela é uma peça de madeira esculpida. No contexto do Império Britânico é uma pessoa viva que pode reger milhões de pessoas. Agora, se a semântica absoluta fosse correta, você retiraria esta peça do tabuleiro de xadrez e a colocaria no trono da Inglaterra ou tomaríamos a Rainha Elizabeth e a colocaríamos no tabuleiro de xadrez. Seria um bocado engraçado, não é?

Agora vejam como isto leva a todo o tratamento da neurose. Numa neurose, as partes da personalidade estão todas alienadas. Se você se identifica com estas partes alienadas, pode agora estar pronto para assimilar estas partes descartadas e crescer de novo — tornar-se mais inteiro. É muito interessante que, por exemplo, algumas tribos primitivas que não diferenciam o si-mesmo do mundo não possuem a palavra "eu". Dizem "aqui". Aqui é luz, aqui é fome, aqui é raiva, aqui é pensamento, aqui é veado. E uma criança também tem bastante dificuldade para entender a palavra eu. Diz: "Carl está com fome", ainda se chama pelo nome que lhe deram.

Agora eu gostaria de integrar mais a ideia de trabalhar o sonho e trabalhar a identificação total. Portanto, quem quer trabalhar um sonho? (Madeline vem para a frente — uma bonita jovem francesa de cabelos negros.) Desta vez, quero que você sempre retorne a sua experiência, tanto quanto for possível. Bem agora — o que você sente neste momento?

Madeline: Hum...

Fritz: Você sente "hum". Fique com os olhos e ouvidos abertos. Qualquer indício deve ser aceito.

Madeline: Oh, o sonho que eu tenho, eu o vivenciei quando era bem nova, com cerca de oito anos de idade, e o vivenciei até mais tarde. Estou na praia. A praia é como que arenosa e macia e há floresta ao meu redor. Em frente há um lago que é muito redondo. Não vejo a outra margem do lago onde estou agora, mas sei que o lago é muito redondo, ou descubro isto depois. Mas sinto que é muito redondo, muito circular, e não com margens angulosas. É um lago muito suave, e a luz é muito bonita. Não há sol, mas está muito claro no céu.

Fritz: Sim. Deixe-me trabalhar um pouco com o sonho. Seja o lago. E, lago, conte-me sua estória.

Madeline: Hum, lago, oh, você quer me contar sua estória?

Fritz: Seja o lago e conte-me sua estória.

Madeline: Oh, sou um lago, redondo, redondo. Eu me sinto, eu me sinto uma espécie de perfeito, um lago perfeito. Eu, minha água é muito boa e cálida ao ser tocada.

Fritz: Para quem você está falando?

Madeline: Para mim mesma.

Fritz: Agora você sabe a terceira lei da terapia gestáltica: faça aos outros o que você faz com você mesma. Fale conosco.

Madeline: Hum...

Fritz: Você é o lago.

Madeline: Eu sou o lago. Vocês gostariam de entrar em mim, em meu lago, neste lago, porque ele é muito bonito, e a água é muito...

Fritz: A segunda lei da terapia gestáltica: não diga ele, ela; diga eu ou você.

Madeline: Hum... (se mexe um pouco.)

Fritz: Você nota que estou começando a ficar muito intrometido.

Madeline: Você gostaria de entrar em mim. Você pode nadar em mim muito facilmente e não há nada de sujeira em meu fundo. Meu fundo é de areia pura. E quando você vem até o meio de meu lago há uma surpresa. Há algo que você não sabe. E isto pode assustá-lo ou você pode gostar muito, mas há algo bem no meio de mim, no lago, que é muito estranho, e você tem que nadar ou remar para alcançá-lo. Você não o vê da praia, então realmente vale a pena nadar para ir vê-lo. (Ri.)

Fritz: Vê-"lo"?

Madeline: Ver-me. (Ri.)

Fritz: Diga isto para o grupo.

Madeline: Vale a pena nadar em mim ou pegar um barco, não um barco a motor.

Fritz: Para que "vale a pena"?

Madeline: Oh, vale a pena para vocês.

Fritz: Quem é que vale a pena?

A GESTALT EM AÇÃO   195

Madeline: O... Ele vale a pena...

Fritz: Não diga "o, ele, ela". 'Tente "Eu". "Eu" valho a pena.

Madeline: Eu valho. Eu valho a pena — você nadar ou pegar um barco para ver o que há no meio do lago, porque é uma surpresa.

Fritz: "É" uma surpresa?

Madeline: Oh, eu sou uma surpresa. No entanto, vocês podem não entender a surpresa. É uma... tenho no... meio de meu lago, tenho uma estátua. É um garotinho, e ele está derramando água... mas muitas pessoas... quando vou naquele lago e vou beber a água, acordo, portanto, talvez...

Fritz: Espere, pare aqui. Feche os olhos. Continue sonhando. Agora acordar é um lindo subterfúgio para interromper a solução do sonho.

Madeline: O...

Fritz: Volte para nós. Você continua sonhando?

Madeline: O mesmo sonho? Levei muito tempo antes de chegar ao sonho. Vi luzes em meus olhos e me senti muito ocupada.

Fritz: Gesticule isto. Vá em frente.

Madeline: Muito ocupada. (Movimenta os braços e ri.)

Fritz: Dance isto. (Ela mostra uma dança principalmente com movimentos de braços.) Muito bem. Agora vamos ter a estória da figura da estátua. Agora você é a estátua.

Madeline: Sou uma estátua no meio do lago.

Fritz: Com quem você está falando?

Madeline: Estava tentando falar com Helen. (Ri.) Sou cinzenta, e uma espécie de, oh, pareço clássica. Pareço a maioria das estátuas de garotinhos que vocês veriam. E seguro um jarro. É um vaso que tem um gargalo curto e é grande no fundo. E eu o seguro, e, embora eu esteja dentro d'água, eu o derramo — derramo esta água no lago. Não sei de onde ela vem, mas esta água é extremamente pura, e você se beneficiaria se bebesse dela. Você se sentiria todo bem em volta, porque teria do lado de fora do corpo água do lago no meio do qual estou sentada. E a água é realmente boa do lado de fora de seu corpo. Mas, então, eu realmente quero que você beba a água do meu vaso, porque ela a fará sentir-se bem do lado de dentro também. Não sei por que, mas, às vezes, você não pode

196 TESTEMUNHA OCULAR DA TERAPIA

bebê-la, você vem só para bebê-la — você está toda contente e então você está nadando e quer bebê-la e então você não pode. Não posso me inclinar para você. Só posso continuar derramando minha água e então esperar que você possa vir e bebê-la.

Fritz: Diga para nós sua última frase.

Madeline: Não posso me abaixar e dar a água para vocês. Só posso continuar derramando-a e esperando que vocês venham bebê-la. Só posso continuar derramando-a.

Fritz: OK. Agora, desempenhe o papel da água.

Madeline: No jarro?

Fritz: Sim. Da água do jarro. Qual é seu enredo? Qual é sua estória, água?

Madeline: (Pausa.) Não sei muito sobre mim mesma.

Fritz: E de novo.

Madeline: Não sei muito sobre mim mesma. (Pausa. Começa a chorar.) Eu venho. Não sei como venho, mas sei que sou boa, é tudo que sei. Gostaria que vocês me bebessem porque sei que sou boa. Não sei de onde venho... Estou naquele jarro enorme. É um jarro preto.

Fritz: Agora levante-se. Diga isto a cada um de nós. Levante-se. Vá até cada um de nós e diga-nos isto.

Madeline: (Chorando e soluçando.) Sou água num jarro e não sei de onde vim. Mas sei que sou boa para beber. Sou água num jarro.

Fritz: Use suas próprias palavras agora.

Madeline: Pareço água e chamam-me de água e estou lá mesmo no jarro. E não há buraco no jarro. Não sei onde. ninguém, eu só estou lá o tempo todo, estou me derramando para fora, e queria que vocês me bebessem.

Fritz: Vá para o próximo.

Madeline: Estou lá, e sou branca e pura, e se você me perguntar de onde eu vim, não sei lhe dizer. Mas é um milagre, eu sempre saio, só para que você me beba. Você tem que sair da outra água e vir. (Vai até a próxima pessoa, chorando.) Estou num vaso, e não sei de onde vim, mas estou vindo todo o tempo, e você tem que me beber, cada pouquinho de mim.

Fritz: Agora, o que você está fazendo com você mesma?

Madeline: Estou me segurando.

Fritz: Faça isto comigo. (Vai para cima dele e esfrega seus braços.) OK. Sente-se. O que você experimenta agora?

A GESTALT EM AÇÃO   197

Madeline: Sinto que descobri algo.
Fritz: Sim? O quê?
Madeline: Estava acostumada a pensar, achava que os sonhos, pensava que a água no vaso era espiritualidade.
Fritz: Hummmmmm.
Madeline: Beleza de, de nascimento e... é um mistério tão grande para mim a beleza da vida, e eu pensava que o vaso era um segredo, e eu não era bastante grande para beber a água. Foi por isto que acordei. Quando eu era muito pequena isto não me incomodava — eu ficava contente só em nadar. Não ligava por não beber a água, acordar. Mas à medida que fui ficando mais velha, fiquei cada vez mais ressentida por não ser capaz de beber a água...
Fritz: Muito bem. Eu queria chegar aqui. Novamente, vocês veem a mesma coisa que vimos antes com os sonhos. Nenhuma interpretação. Vocês sabem tudo; vocês sabem muito mais do que eu e todas as minhas interpretações só desviariam vocês. É, de novo, simplesmente a questão de aprender, de descobrir seu verdadeiro si-mesmo.

Tudo É Processo de Conscientização

Bem, chegou a hora em que poderíamos estar prontos para juntar todos os pedaços e ver se podemos atingir o centro da abordagem. E o centro básico é, sem dúvida, unificar todo o mundo em um. Pode-se fazer isto com a ajuda de religião — dizendo que tudo é feito por Deus. Mas então ainda se fica com a dicotomia entre Deus e o mundo, e a dúvida se o mundo fez Deus ou Deus ao mundo. Se, entretanto, considerarmos possíveis as três dimensões — extensão, duração e conscientização — então podemos dizer que tudo é um processo de conscientização. Ainda relutamos muito em atribuir o processo de conscientização à matéria, tão acostumados estamos a acreditar que a conscientização é concentrada no cérebro. É muito difícil, no começo, imaginar que o mundo todo — e cada vez temos mais provas científicas disto — está conscientizado.
Assim, tudo é um processo de conscientização. Vamos começar daí. Eu me conscientizo. Você se conscientiza. A cadeira se conscientiza de mim — talvez numa fração de

198 TESTEMUNHA OCULAR DA TERAPIA

um bilionésimo de um bilionésimo de uma unidade de conscientização. Mas tenho certeza que o conscientizar-se está lá. Assim que aceito isto, outra dicotomia começa a falhar, entre o objetivo e o subjetivo. O subjetivo é sempre conscientizar-se e o objetivo é conteúdo da conscientização. Temos que nos conscientizar de que não nos conscientizamos de alguma coisa. Sem conscientização não há nada. Portanto, há um contraste entre o existente, o não existente, e o nada. O conscientizar-se está sempre vinculado à experiência atual. Nós não podemos possivelmente nos conscientizar do passado e não podemos possivelmente nos conscientizar do futuro. Conscientizamo-nos de memórias, de antecipações e de planos do futuro, mas isto ocorre aqui e agora — como uma parte do processo de conscientização.

A conscientização decisiva é a da singularidade de cada um de nós. Nós nos vivenciamos como uma coisa única, quer gostemos de chamá-la de personalidade, de alma ou de essência. E também nos conscientizamos de que sempre estamos nos conscientizando de algo diferente, de que estamos num lugar diferente, num tempo diferente. Assim, tentamos sempre nos manter seguros e descobrir — e sempre começamos na terapia gestáltica com a ideia de onde está você? Onde você está no tempo; onde você está em termos de lugar. Você está todo lá, ou você está em casa, atento a algum dilema inacabado, e onde você está em seu conscientizar-se? Você está em contato com o mundo, em contato consigo mesmo, em contato com a zona intermediária — a vida de fantasia que está interferindo em estar completamente em contato consigo mesmo e com o mundo?

Quando estamos em contato com o mundo, então algo acontece. O que nos faz entrar em contato com o mundo é a Gestalt emergente, a necessidade emergente, e a situação não resolvida emergente. E se não podemos lidar com a situação procuramos apoio — algo, alguém que possa nos ajudar a lidar. E este apoio pode ser assegurado pela manipulação do mundo, pelo choro pedindo ajuda, desempenhando o papel de desamparado, de bebê-chorão, ou controlando o mundo. Ou conseguimos o apoio de dentro de nós mesmos — retiramo-nos para dentro e achamos este apoio. E nós sempre achamos algo quando nos retiramos. Poderíamos achar o sustento do si-mesmo, ou só

A Gestalt em Ação 199

poderíamos achar o apoio de nossa vida de fantasia. Este apoio tem que ser exaustivamente examinado porque ele pode ser uma expectativa catastrófica. Ele poderia dizer: não assuma, se você assumir, isto pode ser perigoso. Ou o apoio dirá — oh, sim, assuma-o, será divino.

Um mundo de loucos. Mas, em cada caso, neste ir e vir entre assumir e procurar apoio para assumir, começamos a mobilizar nosso próprio potencial. Isto, diria eu, é toda teoria e abordagem numa casca de noz. E, como disse antes, não há meio melhor de conseguir entender a zona intermediária, o fator perturbador, que o sonho. Portanto, sempre trabalhamos com o sonho e outros modos não verbais de ser para esvaziar, fazer lavagem cerebral, ou como quiserem chamar, para livrar-nos daquela parte cancerosa ou doente da personalidade. Então, quem tem um sonho com que queira trabalhar? (Helen vai para a cadeira vazia. É uma mulher radiante, roliça, com cerca de quarenta anos.)

Helen: Estamos sentados num grupo de encontro e todo mundo está numa cadeira de diretor. A sala muda pra frente e pra trás entre dois compartimentos com os quais estou familiarizada. Maslow e sua sala de estar. O modo pelo qual eu sei que mudamos pra frente e pra trás é que o tapete muda de um tipo de tapete fino, de um tom vermelho e preto empoeirado, para um tapete grosso e muito felpudo...

Fritz: OK. Vamos fazer com que estes dois tapetes tenham um encontro.

Helen: (Sorri.) Eu sou o tapete grosso, vivo, laranja, felpudo, macio e rico. E, oh, se você se sentar em mim, me ajeito muito maciamente. E eu gosto da minha quente cor alaranjada.

E eu sou um tapete fino, vermelho e preto, empoeirado, árido, fedorento. E tudo que me toca me machuca, porque eu sou tão fino. E ninguém me liga... sinto-me só, como se ninguém ligasse realmente para me limpar ou qualquer coisa.

Fritz: Você está me contando isto. O que você está contando para o outro tapete?

Helen: Eu o invejo. Realmente o invejo. Porque as pessoas gostam de se sentar em você, e quando sentam em mim elas sentem seus ossos. Eu desejaria que pelo menos colocassem um enchimento debaixo de mim.

200   TESTEMUNHA OCULAR DA TERAPIA

(Sorrindo.) Não o culpo por me invejar. Sou muito agradável e macio. Algumas vezes as pessoas choram sobre mim, mas você não as pode ver, porque eu as absorvo todas logo. E mesmo as manchas não aparecem muito em mim, e não me sobrou nada para poder ter pena de você. Porque estou ocupado demais desfrutando de mim mesmo, e realmente não gosto de olhar para você porque você está dilapidado. E estou tão contente de ser eu! (Ri.) Bem, sinto-me um pouco mal em relação a você.

Fritz: Muito bem. Façamos o mesmo com a oposição entre a sala de Maslow e minha sala de estar. Deixe que estas duas salas se encontrem.

Helen: Sou toda feita de madeira, e tenho veios adoráveis em minha parede e meu tapete é fundo e grosso. Tenho janelas amplas e tenho adoráveis esculturas de madeira que encobrem parcialmente a vista de fora para dentro, mas fazem a vista de dentro para fora ainda melhor do que seria sem as cortinas. Meu principal problema é que a iluminação é péssima. Metade do tempo a iluminação é errada e o aquecimento também.

Eu sou uma sala atravancada, austera, de pedra, acarpetada com um tapete fino, e com uma vista que não posso ver, e tão cheia de gente e atravancada e insuportável. Mas tenho algo que você não tem. Tenho o barulho do mar muito próximo, e ele enche a sala a maior parte do tempo. E meu sistema de aquecimento é bastante bom e tenho uma porção de tomadas e interruptores de luz.

Você parece estar se defendendo e desapontada.

Sim, estou. E me sinto um pouco triste. Porque eu sou a sala de estar de Fritz Perls e não há vida em mim, exceto o ruído do mar. Eu me dou conta de minha poeira e severidade e do atravancamento.

(Sorrindo.) Sou a sala de dúzias de pessoas e me sinto realmente muito acolhedora. E outra coisa, não gosto de olhar muito para você, porque sinto que consegui tão mais do que você, e quando a olho me dou conta do que está faltando.

Fritz: Diga isto de novo.

Helen: Eu realmente não quero olhar para você.

Fritz: De novo.

Helen: Eu realmente não quero olhar para você.

Fritz: Mais alto.

Helen: Eu realmente não quero olhar para você.

A Gestalt em Ação

Fritz: Diga-o com todo seu corpo.

Helen: Eu não quero olhar para você.

Fritz: Agora mude de assento.

Helen: Pelo amor de Deus, eu não disse que você tinha que me olhar! Não me olhe se não quer! Mas não grite comigo! (Gritando.) Odeio que gritem comigo! Estou com raiva! (Pausa.) Então, você conseguiu o que queria. Eu Não tenho o que eu quero. Eu não tenho o que preciso.

Fritz: Diga isto de novo.

Helen: Eu não tenho o que preciso. (Pausa. Continua quietamente.) E não sei como conseguir. Há limitações estruturais em pedra e argamassa e finura. (Pausa.) Esqueci de respirar por um minuto. (Dá uma respiração profunda.)

Fritz: Você pode fechar os olhos e entrar em seu corpo e ver o que experimenta fisicamente?

Helen: Minhas bochechas estão quentes e minha voz está rouca. Minha garganta está apertada. Há uma tristeza atrás de minha garganta e embaixo, em meu peito. E eu estou respirando bastante profundamente e sinto-me bem. Isso me conforta e reassegura. Estou molhando meus lábios porque os sinto secos. Eu me dou conta de como estou sentada — é como se eu estivesse prestes a dar o fora. Estou também altamente defendida e coberta. Meu ombro direito está meio para frente e minha mão direita está suspensa como se eu fosse fazer alguma coisa.

Fritz: Fazer o quê?

Helen: Esbofetear.

Fritz: Então, esbofeteie a sala de Maslow. (Ela faz isto por alguns minutos.) Agora faça-o também com sua mão esquerda.

Helen: Não quero esbofetear com minha mão esquerda. (Sorrisos.) Quero tocá-la. (Consegue.)

Fritz: Muito bem, você pode fazer isto alternativamente agora? Esbofeteie com sua mão direita e toque com sua esquerda. (Ele faz isto cerca de três vezes.) Agora, faça-me um favor, mesmo que soe falso. Troque de mãos. Esbofeteie com sua esquerda e toque com sua mão direita.

Helen: Hummmmmm. Posso tocar com minha mão direita.

Fritz: O que você experimenta, então?

Helen: É agradável, eu gosto. Posso sentir tanto com minha mão direita quanto posso com minha esquerda.

202 TESTEMUNHA OCULAR DA TERAPIA

Sinto muita relutância em dar golpes com minha esquerda.
Fritz: Diga isto à sala de Maslow.
Helen: Não quero golpeá-la com minha mão esquer-
da. Na realidade quero tocá-la. Não quero golpeá-la.
Fritz: Tente mais uma vez.
Helen: Golpear?
Fritz: Sim. Com sua mão esquerda.
Helen: Estou assombrada com a minha relutância.
Realmente não quero.
Fritz: Diga isto de novo.
Helen: Realmente não quero.
Fritz: E novamente.
Helen: Não quero golpeá-la. (Sorrindo, a voz muda,
ficando mais terna, num tom enfadonho.) Não quero gol-
peá-la. (Risos.) Não quero golpeá-la. Só quero tocá-la.
Fritz: Agora tente golpear uma vez mais.
Helen: Posso fazê-lo, mas não de coração.
Fritz: Bem, tente.
Helen: (Ri.) Não feriu. (Toca com ambas as mãos.)
Sente-se muito mais agradável quando se sente com am-
bas as mãos.
Fritz: Bem, golpeie de novo com sua mão esquerda.
Veja, acho algo irracional aqui, então vou trabalhar nisso.
Helen: Se eu a olhar posso golpeá-la. (Golpeia a ca-
deira, então chuta-a, muito metodicamente.) Hum, hum,
se eu a olhar, posso golpeá-la e posso chutá-la. Na reali-
dade, posso odiá-la. (Pausa.) Você é lustrosa. Eu a invejo.
Não eu não a invejo, que desgraça, você tem seu lugar.
Você só é diferente. (Mais quietamente.) Eu a invejo.
Fritz: Mude de assento.
Helen: Oi. Não gosto quando você me golpeia. Sei que
consegui uma porção de coisas que você não tem, mas
é que sou assim. Não é algo que eu tenha roubado para
mim de outro. De alguém, de você. Aconteci do modo que
você aconteceu, mas não tirei nada de você.

Uma parte de mim quer argumentar com você e uma
parte de mim quer empurrá-la para fora. Eu desejaria
que você não fosse tão atraente. Um pouco de moderação
nesta luxúria. É esta opulência que não posso suportar.
Fritz: Diga isto de novo com sua mão esquerda.
Helen: É esta opulência que não posso suportar. (Para
Fritz.) Não sinto assim. (Pausa.) É isto, invejo sua opulência. (Sorri.) Sinto-me desventurada com ela. Algo assim,

A GESTALT EM AÇÃO 203

como se eu quisesse algo que eu realmente não posso ter
e não quisesse ficar contente com o que consegui.
Fritz: Diga isto para o grupo.
Helen: Não quero ficar contente com o que consegui.
Fritz: Você pode detalhar sobre isto?
Helen: Sim. Consegui muito, mas dei uma espiada em
muito mais. E então eu quero. E estou querendo trabalhar
muito duro e gastar muito jempo e esforço para conseguir
mais. E aquilo que olhei é mais de mim mesma, e estou
realmente estimulada quanto a mim, e gostaria de conhecer mais de mim, mas isto envolve trabalhar com outras
pessoas e aí eu fico assustada. Realmente assustada (ri
para Fritz) em alguns pontos mas não em outros.
Fritz: OK eu queria chegar até aqui. Acho que vocês
notaram algo do que eu fiz. Fui muito pouco diretivo. Mas
quando sinto e noto que há alguma irracionalidade envolvida, então trabalho naquele lugar até que todo fluxo se
torne de novo racional. E isto é algo que exige que vocês
realmente desenvolvam uma quantidade enorme de sensibilidade e intuição. Esta é a frase-chave. Se alguém sente
que há uma frase-chave envolvida — algo realmente básico então ou a reforço, deixo-a falar de novo, repetir novamente, e reforço-a até que a personalidade toda surja. Então se nota que algo completamente inesperado acontece.
A personalidade fica envolvida, e as emoções, e há de novo
um ponto de retorno ao processo de crescimento.

Fritz, Amigo e Freud

(Barbara está sentada na cadeira quente. É uma mulher jovem, que parece ter cerca de 38 anos, com modos
bastante desconfiados. Ela é uma assistente social, que já
trabalhou com Fritz antes.)
Barbara: Eu queria ser uma boa menina e ter um sonho maravilhoso para você, com uma porção de coisas de-
liciosas nele. Não consegui isto, mas aconteceu algo que
talvez seja tão bom quanto o sonho. Na noite passada, eu
estava na cama, e isto aconteceu comigo por muito tempo
— embora não com muita frequência — e o que aconteceu
foi que eu fiquei totalmente paralisada e não pude me mover de jeito nenhum. Não posso mover meus dedos do pé
e não posso abrir os olhos — não posso fazer nada. Estou

204 TESTEMUNHA OCULAR DA TERAPIA

totalmente paralisada. E fico muito amedrontada e então a sensação se vai. Parece que se passou muito tempo, mas eu penso que só se passaram uns poucos minutos — talvez nem tanto. Mas é como se eu não possa fazer algo, e isto me fez pensar em, oh, minha falta de habilidade para me controlar quando fico amedrontada ou com raiva. (Dá uma longa tragada no cigarro.) Só fico imobilizada — de modo que quando me levanto estou igual a quando fui dormir. Ainda estou paralisada.

Fritz: Muito bem. Você poderia nos contar toda a estória de novo e imaginar que você é a responsável pelo que acontece. Por exemplo, "eu paraliso a mim mesma".

Barbara: Hum, muito bem. Hum, eu paraliso, eu paraliso a mim mesma... eu imobilizo a mim mesma. Não permitirei a mim mesma sentir qualquer coisa ou me comportar de qualquer maneira que não seja civilizada e boa. Não deixarei que eu corra quando ficar com medo; não direi às pessoas que estou com medo. Não, oh, lutarei quando estiver com raiva ou magoada. Nunca deixarei as pessoas saberem quando eu tiver maus sentimentos. (Começa a chorar.) Não os deixarei saber que às vezes os odeio, ou que estou em pânico e hum... Às vezes me coloco, para me punir, num estado de pânico em que fico tão apavorada para fazer qualquer coisa. Fico com pavor de respirar, e então me torturo com todas as coisas ruins que penso que deixarei acontecer comigo. Isto é tudo em que posso pensar agora. (Soluça.) Fritz, não quero chorar, porque acho que chorar é muito ruim para mim. Acho que me escondo por trás das lágrimas. Mas não sei o que eu... escondo. (Barbara está batendo em sua coxa com as mãos, enquanto fala.)

Fritz: Você pode fazer isto de novo? Com sua mão direita. Fale com Barbara.

Barbara: (Batendo em sua coxa e rindo.) Barbara, você precisa de uma surra!

Fritz: Surre-a.

Barbara: (Ainda batendo.) Você é uma menina má, porque é fingida e desonesta! Você mente para si mesma e para todos os outros, e estou cansada disto, porque não funciona!

Fritz: O que Barbara responde?

Barbara: (Com a voz subindo de tom.) Ela responde que nunca aprendeu a fazer nada mais.

A GESTALT EM AÇÃO   205

Fritz: Diga isto entre aspas.

Barbara: Nunca aprendi a fazer nada mais. Sei que há outras coisas. Sei que se podem fazer outras coisas, mas não sei como fazê-las.

Fritz: Diga isto de novo.

Barbara: Não sei como fazê-las! Só posso fazê-las quando estou num tipo de situação protegida, apoiada; então posso fazer um pouquinho. Mas se eu estiver fora, numa situação indiferente, sozinha, fico apavorada. E então eu me meto em problemas. Eu mesma crio, me meto em problemas.

Fritz: Sim.

Barbara: E então fico doida comigo mesma, depois de ter me metido em problemas, e então eu me puno e me puno e me puno. (Esbofeteia de novo a coxa.) E é como se isto não tivesse fim, nunca ficarei satisfeita. (Começa a chorar.)

Fritz: Diga isto a Barbara: Barbara, nunca ficarei satisfeita com você, faça o que fizer, nunca fico satisfeita.

Barbara: Barbara, nunca estou satisfeita com você, faça o que fizer, nunca é suficientemente bom!

Fritz: Você pode dizer isto para sua mãe, e também para seu pai?

Barbara: Mamãe, não importa o que eu faça ou tenha feito, nunca está suficientemente bom.

Fritz: Você também pode dizer isto para ela? Mamãe, o que quer que você tenha feito, nunca é suficientemente bom.

Barbara: Oh, hum. Mamãe, o que quer que você tenha feito, nunca é suficientemente bom.

Fritz: Diga-lhe o que ela deveria ter feito.

Barbara: Mamãe, você deveria tentar me conhecer. Você não me conhece. Sou uma estranha e você não me deixa fingir... você sabe, tenho uma personalidade toda, só para você. E esta não sou eu, eu não sou absolutamente o tipo de pessoa que você pensa que eu sou.

Fritz: O que ela deveria responder?

Barbara: Sem dúvida, eu a entendo, você é minha filha. Entendo tudo sobre você. E sei o que é bom para você!

Fritz: Fale com ela.

Barbara: Mamãe, você não sabe o que é bom para mim! Seus modos não funcionam para mim. Não gosto deles e não respeito suas atitudes. Simplesmente não acho que

206   TESTEMUNHA OCULAR DA TERAPIA

eles sejam produtivos. Acho que eles a deixam sozinha, e você nunca consegue se aproximar das pessoas. Você sempre as reprova muito. Você não gosta de ninguém, e eu não quero ser este tipo de pessoa...

Fritz: Diga-lhe mais uma vez o que ela deveria fazer. Que tipo de pessoa ela deveria ser.

Barbara: Você deveria tentar entender como são as coisas para as outras pessoas. Elas experimentam a vida de modo muito diferente do seu. Você não poderia tentar uma vez saber o que é ser alguém mais?

Fritz: Sim. Eu gostaria de dar um passo adiante. Converse com ela na forma do imperativo. "Seja mais compreensiva" e assim por diante.

Barbara: Seja mais compreensiva...

Fritz: Todos os imperativos.

Barbara: Seja mais empática! Seja mais sensível! Não se defenda tanto, você não precisa! Não seja tão desconfiada e paranoide! Não acredite em magia, é loucura acreditar em magia! Não esteja sempre em duplo vinculo, tentando — sempre ser uma pessoa tão boa, tão santificada, tão paradigma da comunidade, tão matriarcal, e odiando cada minuto disto. Não faça isto!

Fritz: Agora, fale assim com Barbara. Também em imperativos.

Barbara: Barbara, não seja indefesa! Isto é loucura... oh, não fique com medo de seus sentimentos! Seus sentimentos maus — você tem que expressá-los. Você tem que se levantar por você mesma! Você tem que ser real! Não brinque de esconde-esconde, este é um jogo detestável! (Começa a chorar.) Não seja tonta, e não jogue jogos em que as outras pessoas se sintam com pena de você ou se sintam culpadas. Então elas não ficarão à vontade e irão embora e não era isto que você queria.

Fritz: Agora, entre em maiores detalhes. prenda-se a seus imperativos e, de cada vez, dê a Barbara uma receita — o que ela deveria fazer para acompanhar.

Barbara: Oh... não seja uma imitadora, um camaleão!

Fritz: Diga-lhe como ela deveria conseguir isto — não ser um camaleão.

Barbara: Veja o que você é, e o que você quer ser e o que fazer, e faça-o! Não ande olhando as outras pessoas para imitá-las o tempo todo. Você imitou milhares de pes-

A GESTALT EM AÇÃO   207

soas, e onde chegou com isto? Você ainda se sente como uma concha vazia. Você tem que decidir quem você é e o que quer fazer!

Fritz: Diga-lhe como ela pode decidir.

Barbara: (Num tom de quem ralha.) Você sabe quais são seus gostos e interesses e valores. Você soube por muito tempo. Eles são...

Fritz: Diga-lhe com detalhes quais são seus interesses.

Barbara: Hum, muitas coisas a interessam.

Fritz: Tais como?

Barbara: T ais como... você gosta de trabalhar com pessoas e isto a faz sentir-se muito bem, quando você sente que foi útil — que você se permitiu ser usada num modo produtivo por outras pessoas. Faça isto! E veja um modo de fazê-lo em que você se sinta bem-sucedida e útil.

Fritz: Vá em frente, comece a visualizar.

Barbara: Bem, você tem que desenvolver... você tem que fazer duas coisas: você tem que fazer um esforço real para aprender de outras pessoas que têm mais experiência e prática que você e ao mesmo tempo tem que ser você mesma. Você não pode ir por aí imitando. Fritz ou Virgínio Satir ou Dr. Delchamps ou qualquer clínico do momento, ou o último seminário ou *workshop* que você frequentou. Não faça isto, isto é ruim! Porque você não é eles e você não pode fazer os movimentos que eles fazem e dizer as coisas que eles dizem e fazer qualquer bem a alguém. Eles saberão que você é uma fingida.

Fritz: Você mencionou meu nome. Então, conte-me o que eu sou? O que você está copiando de mim?

Barbara: Fritz, você é um homem que trabalha com pessoas e deixa que elas o usem — você se deixa usar para que elas cresçam.

Fritz: Sim.

Barbara: E eu também quero fazer isto, e acho que o que você faz realmente funciona... mas não posso desempenhar o papel de Fritz. Isto não funcionaria porque eu não sou você e minha tendência seria imitá-lo.

Fritz: Vejamos como você me imita. Desempenhe o papel de Fritz.

Barbara: (Ri.) Muito bem. Devo fazer com você?

Fritz: Sim.

Barbara: Muito bem. (Rindo.) (Pausa longa.) Você quer trabalhar?

Fritz: Sim.

Barbara: Você quer que eu trabalhe? Para você?

Fritz: Sim.

Barbara: Não posso, Fritz. Não posso trabalhar para você.

Fritz: Oh, sim, você pode.

Barbara: Não.

Fritz: (Com vislumbre nos olhos.) Você é Fritz, você sabe tudo. (Risos.) Você é tão sábio.

Barbara: Não é verdade. Não sei tudo, e não sou tão sábia assim. Você tem que fazer o trabalho.

Fritz: Muito bem. Eu tento tanto. Gostaria de trabalhar, mas não posso. Fiquei bloqueado. (Hilariedade geral com as respostas de Fritz.)

Barbara: Seja seu bloqueio.

Fritz: Mas eu não posso ver meu bloqueio.

Barbara: Você não está me ouvindo.

Fritz: Oh, sim. Estou escutando com muito cuidado. Acabo de ouvi-la dizer, "Você não está me ouvindo".

Barbara: Bem, vejamos se posso tentar algo mais. Finja que você está lá fora.

Fritz: Lá fora?

Barbara: Hum, hum,

Fritz: Onde? Aqui, ou lá, ou lá, ou lá? (Apontando para diferentes lugares na sala.)

Barbara: Onde você escolher.

Fritz: Você escolhe para mim.

Barbara: Sinto-me como se você estivesse debochando de mim. E talvez tentando...

Fritz: Eu? Debochando de você? Eu não ousaria! Você é tão venerável e eu chego a derreter de admiração! Eu não ousaria debochar de você! Como poderia?

Barbara: Vamos tentar algo diferente, então. Você pode dançar sua veneração por mim?

Fritz: Oh, sim. (Risos.) Agora, não posso fazer nada. Você tem que me dar música.

Barbara: Oh, tente fazer a música em sua própria cabeça.

Fritz: Mas eu não sou musical.

Barbara: Todos somos musicais.

Fritz: Faça-o você. (Risos.)

A GESTALT EM AÇÃO

Barbara: Noto que não obstante o que aconteça, a carga volta para mim. Não importa o que eu sugira, você diz não, faça-o por mim, não sei como.

Fritz: Sem dúvida. Se eu não fosse tão incapaz, não estaria aqui. Esta é minha doença, você não vê?

Barbara: Fale com sua doença.

Fritz: Mas minha doença não está aqui. Como posso falar com minha doença? E se eu pudesse falar com minha doença, a doença não escutaria, porque esta é a doença.

Barbara: Eu escutarei. Alguém lhe deu a doença?

Fritz: (Vagarosamente.) Sim.

Barbara: Quem?

Fritz: Sigmund Freud. (Há muito mais risos no grupo, neste ponto.)

Barbara: Compreendo que Sigmund Freud não está aqui, que ele está...

Fritz: Mas fiquei infectado por sete anos.

Barbara: (Dando uma risadinha.) Oh, estou três anos na sua frente e passei dez anos num analista. Não me diga como é ruim! Você poderia falar com Sigmund?

Fritz: Não, não posso, ele está morto.

Barbara: Você mudou. Esta é a primeira vez que você escorregou. De que você se dá conta?

Fritz: (Soberbamente.) Uma grande tristeza de que Freud tenha morrido antes que eu pudesse conversar com ele de homem para homem.

Barbara: (Gentilmente.) Acho que você ainda pode falar com ele. Você gostaria?

Fritz: Hum, hum.

Barbara: Bem. (Pausa.) Eu gostaria de ouvir.

Fritz: Agora estou paralisado. Gostaria de fazê-lo. Gostaria de ser seu paciente nesta situação e, oh... (falando muito devagar.) Professor Freud... um grande homem... mas muito doente... você não pode deixar ninguém tocá-lo. Você tem que dizer a última palavra, e sua palavra é um santo evangelho. Eu gostaria que você me escutasse. De certa maneira, sei mais que você. Você poderia ter resolvido o problema da neurose. E aqui estou eu... um simples cidadão... pela graça de Deus tendo descoberto o simples segredo de que o que é, é. E eu nem descobri isto. Gertrude Stein descobriu isto. Eu só a copiei. Não, copiar não é o certo. Entrei no mesmo modo de viver — pensando, como ela. Não como um intelectual, mas só como um

210 TESTEMUNHA OCULAR DA TERAPIA

ser humano, planta, animal e é aí que você estava cego. Você moralizou e defendeu o sexo, retirando-o do contexto total da vida. Então lhe faltou vida. (Há quietude na sala por vários momentos. Então Fritz se volta para Barbara.) Portanto, sua cópia de Fritz não foi tão ruim. (Dá um beijo em Barbara.) Você fez algo por mim.

Barbara: Muito obrigada, Fritz.

SUMÁRIO

Agradecimentos XI

Apresentação à 3ª edição XVII

Prefácio à 3ª edição XIX

Prefácio à 1ª edição XXIII

Nota à 3ª edição XXV

Nota à 2ª edição XXIX

Nota à 1ª edição XXXIII

PARTE I
Contexto histórico da globalização

CAPÍTULO 1
A globalização econômica na sociedade industrial 3

1.1 A evolução da sociedade industrial 3

1.2 A eliminação das fronteiras geográficas 6

1.3 A sociedade e o tratamento dado ao meio ambiente 13

1.4 As (nem tão) recentes questões climáticas 16

1.5 Sistematização normativa dos princípios protetivos do meio ambiente em nível supranacional 21

CAPÍTULO 2
Economia mundial e regras transnacionais 27

2.1 Blocos econômicos e integração regional 27

2.2 Planejamento da produção em escala mundial 30

2.3 A globalização e a importância da análise econômica e ambiental das relações comerciais na sociedade contemporânea 33

[XIII]

CAPÍTULO 3

O desenvolvimento econômico da sociedade moderna ("sociedade de risco") e a proteção ambiental internacional 38

3.1 Consequências ambientais do desenvolvimento e a proteção no cenário internacional 38

3.2 Os debates ambientais internacionais e a sociedade de risco... 40

3.3 A dignidade da pessoa humana e a proteção do meio ambiente.. 45

PARTE II
Regulação econômica, mercado internacional e meio ambiente

CAPÍTULO 4

O Estado neoliberal e sua crise.................................. 51

4.1 Poder econômico versus intervenção estatal 51

4.2 Orientação "mercadocêntrica"......................... 57

4.3 O Estado como indutor de condutas 62

CAPÍTULO 5

Globalização ambiental: os riscos da expansão 69

5.1 Aspectos econômicos e ambientais da circulação de capitais... 69

5.2 Direito comunitário e liberalização comercial: o emprego de barreiras ao livre comércio........................... 75

5.3 Ordem econômica e proteção do meio ambiente: a regulação interna 79

5.4 Planejamento ambiental empresarial................... 85

PARTE III
Responsabilidade social das empresas e meio ambiente

CAPÍTULO 6

Concepção da empresa na sociedade de risco..................... 95

6.1 Interação com setores da economia..................... 95

6.2 Participação em programas de políticas públicas 101

6.3 A análise do risco ambiental por parte das empresas e do Estado .. 110

[XIV]

6.4 *Stakeholders* e o *feedback* do mercado (índices de aprovação) ... 113

6.5 Iniciativa privada e regulação: a busca por maiores ganhos ... 116

CAPÍTULO 7
Empresas sustentáveis. 122

7.1 Elementos do mercado como definidores do padrão ambiental . . 122

7.2 Empresa "sustentável" ou "ambientalmente correta" 125

7.3 Índice de Sustentabilidade Empresarial (ISE/Bovespa) e Índices *Dow Jones* de Sustentabilidade (DJSI) 128

7.4 Certificações internacionais de produtos e serviços. Alguns exemplos paraestatais: o FSC (*Forest Stewardship Council*), o LEED (*Leadership in Energy and Environmental Design*) e a ISO (*International Organization for Standardization*). 135

7.5 Comércio internacional, meio ambiente e a necessidade da participação das empresas globais 141

PARTE IV
Novos rumos globais

CAPÍTULO 8
As empresas e o clima 149

8.1 O Fundo Nacional sobre Mudança do Clima (FNMC). 149

8.2 A Política Nacional sobre Mudança do Clima (PNMC) 152

8.3 O Acordo de Paris e a Decisão n. 1 da COP 21 156

8.4 Os casos de litigância climática 160

CAPÍTULO 9
Compliance ambiental e *Environmental, Social and Governance* (ESG) . . 165

9.1 A interface do direito ambiental com a gestão de riscos 165

9.2 Da responsabilização à sustentabilidade: desafios e estratégias no direito ambiental. 168

9.3 A relevância do ESG para a sustentabilidade empresarial 171

9.4 ESG como pilar estratégico para as empresas 172

9.5 A integração do ESG no mercado de carbono: novas tendências . . 176

9.6 Compromisso com a sustentabilidade: a urgência da adesão ao ESG 178

9.7 Sustentabilidade no agronegócio: oportunidades 179

9.8 O ESG e o agronegócio: integração sustentável. 181

Conclusões 183

Referências. 187

APRESENTAÇÃO À 3ª EDIÇÃO

A sociedade enfrenta muitos desafios, mas nenhum deles é tão abrangente e ameaçador para o sucesso da humanidade a longo prazo quanto os riscos apresentados pelas mudanças climáticas e o fracasso em mudar nossas economias para uma base sustentável. Como Terence Trennepohl deixa claro em **Direito Ambiental e Empresas Sustentáveis**, nosso desafio de sustentabilidade tem muitas dimensões que nossa estrutura jurídica deve abordar para garantir que tenhamos água limpa para beber, ar puro para respirar, ecossistemas vibrantes, gestão adequada de resíduos, proteção da biodiversidade e – talvez acima de tudo – um planeta a salvo do acúmulo de gases de efeito estufa na atmosfera que leva ao aquecimento global, à elevação do nível do mar, à alteração dos padrões de chuva e, portanto, ao aumento do risco de enchentes, secas e incêndios florestais, bem como à redução da produtividade agrícola.

Neste abrangente livro, o professor Trennepohl destaca as falhas de mercado, as deficiências de governança e as patologias sociais que nos deixaram em uma trajetória para um futuro insustentável. Compartilho sua conclusão de que a sociedade deve mudar as bases da economia de mercado de maneira fundamental e garantir que as leis e regulamentações estejam em vigor para que as empresas adotem práticas comerciais sustentáveis.

Em meu livro *Green to Gold*, defendo que a sustentabilidade corporativa representa a chave para um futuro sustentável e que a legislação ambiental é a alavanca política fundamental a ser acionada para limitar as repercussões dos danos das empresas – grandes e pequenas – sobre o meio ambiente e acabar <u>com as externalidades não internalizadas</u>.

[XVII]

O imperativo da sustentabilidade do século XXI tem muitas dimensões, como o professor Trennepohl demonstra com rigor teórico, escopo abrangente e exemplos esclarecedores. Concordo com sua sugestão de que as empresas sustentáveis são fundamentais para o progresso. Entre suas principais conclusões, a sugestão de que precisamos de regras de comércio que limitem a poluição e os danos causados pela industrialização em constante expansão está de acordo com meu próprio trabalho apresentado na *Villars Framework for a Sustainable Trade System.*[1]

Dominar o labirinto da sustentabilidade requer uma economia de mercado reconfigurada, respaldada por princípios e práticas de direito ambiental que garantam que os modelos de negócios de nossas empresas não produzam lucros privados impondo à sociedade danos causados pela poluição e outros custos ambientais.

Em poucas palavras, o brilhante livro de Terence Trennepohl nos mostra o caminho através deste labirinto para um futuro sustentável.

New Haven / CT, março de 2025.

Daniel C. Esty
Hillhouse Professor of Environmental Law and Policy
Yale University

---

1 Disponível em: https://villarsinstitute.org/posts/putting-the-planet-at-the-center-of-global-trade-the-villars-framework. Acesso em: 31 mar. 2025.